MW00655683

HERENCIA MALDITA

RICARDO RAVELO

HERENCIA MALDITA

El reto de Calderón
y el nuevo mapa del narcotráfico

Grijalbo

Herencia maldita

Primera edición, 2007
Segunda reimpresión, 2007

D. R. © 2006, Ricardo Ravelo

Derechos exclusivos de edición en español reservados
para todo el mundo:

D. R. © 2007, Random House Mondadori, S. A. de C. V.
    Av. Homero No. 544, Col. Chapultepec Morales,
    Del. Miguel Hidalgo, C. P. 11570, México, D. F.

www.randomhousemondadori.com.mx

Comentarios sobre la edición y contenido de este libro a:
literaria@randomhousemondadori.com.mx

ISBN: 978-970-780-453-1
ISBN: 970-780-453-X

Impreso en México / *Printed in Mexico*

A los periodistas asesinados

ÍNDICE

ÍNDICE

INTRODUCCIÓN

No hay un espacio del país libre de tensión por la violencia del narco-tráfico. Todo el territorio ha perdido la tranquilidad y por todas partes, desde Baja California Norte hasta Quintana Roo, la gente expresa el miedo y la preocupación que lleva por dentro.

«Estas matanzas antes no ocurrían aquí», suelen decir los habitantes de algunas ciudades del sur de la República, por ejemplo, en donde apenas meses atrás sólo se enteraban de las ejecuciones por las noticias.

Ahora es distinto. La sociedad ya no tiene la seguridad que le permitía a las familias salir a las calles con libertad y sin el temor a los sobresaltos. En el momento menos esperado la violencia del narco perturba el espíritu, enluta un hogar y ninguna autoridad responde con eficacia ante los asesinatos. Ahí están, archivados, miles de expedientes en la Procuraduría General de la República. Son averiguaciones sobre las muertes que aún están impunes porque no hay capacidad humana —ni presupuestal— para investigar cada uno de esos casos. Por eso matar ya no parece representar ningún riesgo para nadie, en un país donde las instituciones no investigan ni se ocupan de los casos. En Michoacán, Guerrero, Nuevo León y otros estados cientos de crímenes siguen sin ser aclarados y las familias de las víctimas parecen haber perdido la esperanza de que les hagan justicia.

Se acabaron los tiempos de las batallas regionales. Las balaceras y las ejecuciones se suscitan hasta en los municipios más apartados de las zonas urbanas. Hasta esos lugares llegó el fragor de las armas de alto po-

11

der y rompieron el encanto de los días apacibles. Y es que, como una plaga que brota sin control, el narco ha envenenado muchos territorios que antes gozaban de tranquilidad. Los pueblos del sur del país, adonde el eco de la violencia llegaba de la lejanía, hoy son campo de batalla de los cárteles de la droga. El policía de la esquina, que celosamente realizaba su rondín nocturno y cumplía honestamente con su trabajo, hoy está enganchado en la protección de las llamadas *narcotienditas,* y atento durante el día como en la noche a las órdenes de sus nuevos jefes: los vendedores de droga.

Por todas partes suena y resuena el estruendo de las balas. Con su fuerza avasallante, el narcotráfico lo ha invadido todo: las escuelas, las universidades, los cuerpos policiacos, el campo, la industria y hasta el propio Ejército Mexicano —último eslabón de la seguridad aún de pie en esta lucha— ha resentido los embates de ese demonio que se muestra dotado de una fuerza sobrenatural porque parece invencible.

En *Herencia maldita,* que bien puede leerse como una crónica o como un reportaje, se explica con datos y múltiples historias cómo se rompieron los diques de la seguridad y en qué momento el narcotráfico logró convertir a los cuerpos policiacos del país en sus más fieles aliados. Tanto en la PGR como en cualquier otra institución, uno de los grandes negocios por décadas ha consistido en la protección. El florecimiento del narcotráfico no puede explicarse sin el respaldo del poder político. Por eso, muchos jefes policiacos de la vieja guardia afirman que antes había controles; que eran ellos, como altos mandos de la policía los que dictaban las pautas que debían seguir los narcotraficantes o cualquier otro delincuente. En los tiempos de la Dirección Federal de Seguridad (DFS), por ejemplo, los comandantes tenían tanto poder que se daban el lujo de asignarles las plazas y las rutas a los miembros de la delincuencia organizada.

En aquellos tiempos, esos bragados jefes de la policía les decían a los narcos: «No te pases de listo, hijo de puta. Ésta es tu zona. Si invades otro territorio te rompemos la madre». Aquello era la expresión más elocuente del control y de cómo se ejercía el poder entre la mafia policiaca, cuya cabeza era el jefe de la DFS, quien dependía del secretario de Gobernación y éste, a su vez, recibía órdenes del jefe de la mafia: el presidente de la República. Y lo que ordenaban se cumplía, invariablente. De lo contrario, se terminaba el negocio.

Actualmente, los papeles están invertidos: los narcos dictan las reglas. La policía, con su bien organizada estructura, ya actúa como si fuera un cártel más en el país, cuyos integrantes obedecen las órdenes de los grandes capos. Muchos altos jefes policiacos —estatales, municipales, ministeriales e incluso federales— ejecutan, secuestran, desaparecen a los rivales de las distintas bandas que se disputan el control del negocio de las drogas. Operan como gatilleros de las distintas células de los cárteles del Golfo o de Sinaloa —rivales en esta cruenta batalla por el control del país— y al mismo tiempo se escudan en su charola, en la protección que reciben de sus jefes y en la impunidad con la que el presidente Felipe Calderón se muestra impotente, como si un poder superior al presidencial realmente dictara las reglas a seguir en esta lucha contra el crimen organizado que, por la pobreza de sus logros, ha resultado un fiasco. La herencia recibida por Calderón es apabullante.

En este libro también se aborda la derrota moral de Vicente Fox, en cuyo sexenio floreció la impunidad; se detalla, con datos y evidencias, cómo las redes del cártel de Juárez comenzaron a penetrar en las instituciones desde el sexenio de Ernesto Zedillo; los nuevos territorios del cártel del Golfo, el surgimiento de *La Familia* —organización criminal asentada en Michoacán— así como su filosofía de muerte y venganza. También la creciente bonanza del cártel de Sinaloa y las más recientes andanzas de su jefe, *El Chapo* Guzmán, capo que parece tener un poder contra el que nada pueden hacer el Ejército ni la policía juntos.

Todo esto es parte de una *narcoherencia* que cada sexenio resulta ser más aplastante y que oprime a una sociedad cada vez más incrédula de la lucha oficial contra el crimen organizado. Actualmente, el presidente Felipe Calderón, a quien no le importa ser un presidente sitiado (por el narco), gobierna con el enemigo en casa. Quizá por eso la lucha contra los capos ha resultado infructuosa, por no decir un fracaso. La de Felipe Calderón, debe decirse, es una batalla incompleta: la tarea del Ejército no refleja rigor en la inteligencia. Los resultados así lo demuestran. Tampoco se está depurando a los cuerpos de seguridad que, sin duda, están penetrados por el narco; menos aún se han desarticulado las redes que, desde el sexenio de Ernesto Zedillo, tejió el cártel de Juárez al interior del Ejército y de la PGR. No existe, por lo visto, una estrategia conjunta y por lo tanto eficaz para frenar la violencia. Al interior del Gabinete de Seguridad no se ponen de acuerdo sobre la estrategia a seguir para frenar la ola delictiva, pues tanto el procurador general de la República como el secretario de Seguridad Pública Federal están enfrascados en una lucha de poder, en roces constantes y en un protagonismo que debilita sus ya de por sí exiguas acciones. Y nadie ha podido detener, como ya se dijo, a Joaquín *El Chapo* Guzmán, ahora convertido en el capo consentido del gobierno federal.

Pero la descomposición del país no es producto de un sexenio, como ya se expuso. Es el resultado de lo que se dejó de hacer, o se hizo mal, en los gobiernos anteriores. Calderón carga, sin duda, con una herencia de al menos tres periodos gubernamentales —Carlos Salinas de Gortari, Ernesto Zedillo y Vicente Fox— durante los cuales se consintió al narcotráfico y se permitió que avanzara hasta convertirse en una verdadera pesadilla, según los registros históricos.

Un episodio que en buena medida explica el incremento del narcotráfico en México es, sin duda, la rearticulación de los empresarios de la cocaína en Colombia. Después de los golpes espectaculares asestados contra los cárteles mediante las extradiciones de los capos, Colombia vive actualmente una nueva etapa en el tráfico de drogas, que aquí se retrata con todos los detalles.

En Colombia ya no son Medellín y Cali los cárteles importantes. Ambos están desmembrados, aunque muchos de sus integrantes ahora encabezan sus propios negocios. Ahora ese país tiene más de 200 pequeñas organizaciones dedicadas al tráfico internacional de cocaína, cuyo paso obligado es México. Esta nueva generación de narcotraficantes es más sigilosa en sus movimientos. Sus cabecillas son menos proclives a la violencia y más eficaces en sus operaciones: antes que eliminar a sus rivales —como ocurre todavía en México— privilegian su negocio. El gobierno de México sigue, en parte, el ejemplo colombiano: apostó por las extradiciones —cuyas razones legales omitió explicar la PGR— para enviar un mensaje de dureza a los cárteles. Pero esta medida no sólo disparó la violencia. Otras consecuencias están en puerta: en poco tiempo los cárteles de la droga mexicanos podrían optar por nuevas estrategias: pulverizarse en pequeñas células, como en Colombia, para empezar a manejarse con bajo perfil y así garantizar una prolongada vida en el negocio de las drogas.

Felipe Calderón ha reiterado que la suya es una lucha real y a fondo contra las bandas del crimen organizado. ¿Podrá el presidente con el narcotráfico? ¿Realmente irá a fondo contra los cárteles, cuando éstos han sobrevivido con el apoyo del poder? ¿Romperá Felipe Calderón las viejas alianzas de la policía y del Ejército con los capos de la droga?

Lamentablemente, las dudas pesan más que el discurso presidencial.

Esta investigación periodística es producto de varios meses de trabajo en archivos judiciales y otras fuentes documentales; muchas de las revelaciones contenidas en este libro también surgieron de mis contactos con altos funcionarios de la PGR, la fuente que comencé a cubrir desde 1996 y en donde conservo, por fortuna, relaciones que por seguridad aquí no puedo revelar; de igual forma he mantenido contacto con varios abogados penalistas, sin cuyo apoyo este proyecto no se hubiera cristalizado.

Muchos otros documentos y testimonios llegaron a mis manos sin proponerme su búsqueda, por lo que confirmo que en el trabajo periodístico —en el que invariablemente se mueve la mano invisible de las circunstancias— el reportero no sólo tiene que buscar afanosamente los datos extraordinarios: también debe dejarse encontrar por los personajes y los acontecimientos.

RICARDO RAVELO

La derrota de Fox

Corría el mes de enero de 2006 y las campañas políticas de los candidatos a la presidencia de la República estaban a punto de regresar al campo de batalla, para reanudar sus tareas proselitistas. Preocupado por el repunte que Andrés Manuel López Obrador reflejaba en las encuestas, el presidente Vicente Fox vivía momentos de tensión en la silla presidencial; esa que para muchos permaneció vacía durante todo el sexenio.

De este modo transcurría el último tramo del gobierno foxista. El régimen que había prometido el cambio; el que había hecho despertar —apenas seis años antes— las esperanzas de un pueblo que sacó fe, cuando la sequía del desengaño mataba las ilusiones.

Jocoso a veces, con la flama de la dureza y la energía en sus discursos, en el año 2000 Vicente Fox despertó una parte del México dormido y conformista que veía imposible terminar con la dictadura del PRI. La contienda era difícil. Si fuera necesario echar mano de una imagen, de un reflejo de aquella batalla desigual entre los candidatos del PRI y del PAN, bien podría decirse que el 2 de julio del 2000 se enfrentaron un elefante y un mosquito. El abanderado del PRI, Francisco Labastida, era el candidato del gobierno, del sistema aplastante. Pensar en la derrota del PRI era inimaginable; no se admitía ni como broma. Vicente Fox, no obstante, emergió como figura en medio de la tupida neblina de la duda, despejada sólo por la fuerza arrolladora de su discurso prometedor que no sólo tuvo como impulso las ideas, sino también el dinero, de origen dudoso, que cubrió de incertidumbre y

17

de escándalos su gobierno y su vida política. Aquel Vicente Fox vestido de campirano proyectaba muchos rostros: la duda, el miedo por momentos y un idealismo que no encontraba acomodo en la realidad. Un sector de la sociedad, una parte de la clase política y conservadora de México —particularmente la más beneficiada por la dictadura priista— veía a Vicente Fox como un candidato iluso, convertido en un grito angustiante y sediento de confianza.

Y es que como candidato presidencial, Vicente Fox quiso cambiarlo todo. Carente de sapiencia y de cultura, echó mano de su fuerza interior, por aquel tiempo volcánica y seductora, y ésta se extinguió cuando alcanzó la presidencia de la República, convirtiendo en realidad aquella consigna histórica de que las ideas revolucionarias se esfuman apenas el hombre que las posee cruza, victorioso, la meta del poder.

He aquí un pedazo del misterio que envuelve la vida y la política. Todo termina cuando se alcanza la cúspide. Es en ese instante cuando los bien aceitados resortes de la inteligencia y de la creatividad empiezan a secarse y a oxidarse. Ese misterio caprichoso y autoritario de la naturaleza parece aferrarse a una sola condición: que la vida, y todo lo que el hombre emprende, sólo cobra sentido en el trayecto, en el camino, en la travesía —lo que a menudo se pierde de vista ante la seducción de alcanzar la meta— y en los instantes más simples. Está prohibido llegar a la meta porque la chispa, la flama de la pasión sólo permanece encendida mientras el ser humano se mantiene en trance permanente, en la búsqueda constante e incansable. En plena campaña, el candidato presidencial parecía estar ciego y sordo. Estaba deslumbrado por la euforia. Su sensibilidad y su capacidad para percibir esos mensajes que provienen de la lejanía estaban atrofiadas. La fiebre de llegar al poder lo dominó, hasta maniatarlo con sus poderosos grilletes. Vicente Fox derrotó al PRI, una de las maquinarias políticas más poderosas, pero cada uno de sus pasos lo empujaron, cual rehén, al encuentro del enemigo más destructivo del hombre: el poder. Su espíritu, pleno de ímpetu y energía, una especie de fuerza implacable que con frecuencia resonaba en sus gritos triunfalistas. Sin embargo, aquellos gritos eran de angustia; la angustia del hombre que sabe, por algún mensaje desprendido de su interior, que se precipita al vacío.

18

Vicente Fox no entendió ese momento. No podía. Una fuerza arrolladora lo tomó por sorpresa, lo cogió por los hombros, cual ser indefenso, y lo arrojó a una aventura de la que aún no parece despertar. Vivía un instante pleno y al mismo tiempo paradójico, que lo paralizaba cual liebre sorprendida por un reflector potente. Aturdido por el aplauso, no podía comprender que mientras el bienestar se inclina a estar quieto y no volver la mirada hacia atrás, en el dolor el ser humano se hace cada vez más sensible. Es el sufrimiento el que prepara y labra el terreno para el alma. Y para Fox ya era tarde para asimilarlo. Las cuerdas de su interior estaban demasiado tensas. Habían perdido capacidad para amoldarse. Por eso desoyó el llamado superior que, con variadas señales, le indicaban la senda correcta.

Como presidente de la República, Vicente Fox caminó invariablemente por las rutas equivocadas. La transparencia de las ideas expuestas por el hombre en campaña terminó sepultada apenas alcanzó el poder. La lucidez del candidato se esfumó al convertirse en presidente. La propela que impulsaba sus proyectos se detuvo ante el muro de contención del éxito. La flama de aquel hombre incendiario desapareció al sentirse cómodo en la silla presidencial. Había terminado la cuesta arriba, la travesía. Fox llegaba, triunfante, a la meta; y al mismo tiempo empezaba a sentir los efectos del vértigo, la sensación de la caída. En el poder quiso cambiar lo que no podía cambiar y transformar lo que era imposible mover de su estático sitio. Se declaró católico y ferviente guadalupano, pero su fe no era tan sólida. No se abandonó a las fuerzas del destino; siempre quiso depender de las suyas, a pesar de sus errores y fallas como gobernante. Se declaró un creyente fiel de Dios, se arrodilló en la basílica de Guadalupe —por imagen o por fe, sólo él lo sabe— poco antes de tomar posesión aquel 1 de diciembre del año 2000. Pero como mandatario no dimensionó, como San Francisco de Asís, que en la vida, al igual que en el poder, hay muros que no se pueden derribar aunque estorben. Por ello, la humildad franciscana quedó resumida en aquella célebre oración de la serenidad, con la que el santo pidió sabiduría para aceptar lo que no podía cambiar y valor para cambiar lo que no era transformable. Fox tropezó hasta con su fe.

Bombardeado por los presuntos actos de corrupción que favorecieron a los hijos de la primera dama, Marta Sahagún, quienes vieron el poder como un botín, Vicente Fox ya resentía el peso de la derrota como presidente de México. Había llegado al poder con una popularidad apabullante. Había logrado terminar con siete décadas de hegemonía priista: la dictadura partidista e ideológica que formó a casi todos los políticos de México, desde finales de los años veinte, y que crecieron atados a las rígidas cuerdas de una cultura cuyos cimientos aún están firmes.

Como impulsado por los resortes ingobernables de sus pasiones y arrebatos, el presidente del cambio le declaró la guerra al narcotráfico, quizá como ningún otro presidente de México lo hizo. Con una energía avasallante, Vicente Fox visitó la ciudad de Tijuana, Baja California, y, desde la sede del cártel más poderoso de México, anunció la más dura de las batallas contra el crimen organizado. Pero una estela de fracasos sepultaron en la duda aquel discurso: en los primeros meses de gobierno, se había fugado Joaquín Guzmán Loera, mediante un plan criminal largamente maquinado por el capo que, más tarde, se convirtió en el narcotraficante menos molestado durante el primer gobierno panista de México.

Porque Fox gobernó, sobre todo, desde y para el desorden estruendoso, de farándula. Su régimen terminó, como nunca antes en la historia reciente del país, derruido por la corrupción y penetrado por el narcotráfico. Los tentáculos del crimen organizado llegaron hasta su propia oficina: la residencia oficial de Los Pinos, donde un discreto funcionario del área de giras presidenciales —Nahúm Acosta— era el principal espía e informante de los hermanos Beltrán Leyva, socios de Joaquín *El Chapo* Guzmán, según las investigaciones de la Subprocuraduría General de Investigación Especializada en Delincuencia Organizada (SIEDO).

El escándalo estalló porque la DEA, cuyas operaciones en México iban en aumento, intervinieron los teléfonos de la residencia oficial de Los Pinos y lograron escuchar las conversaciones de Nahum Acosta con Arturo Beltrán Leyva. Seguramente la DEA venía haciendo un minucioso seguimiento al funcionario de Los Pinos que, meses atrás, había sido recomendado por Manuel Espino, actual líder nacional del

PAN. Acosta era su paisano, una pieza del estrecho equipo del llamado «Grupo Sonora», del que también formaba parte el vocero del presidente, Alfonso Durazo.

Si la fuga de Guzmán Loera desató dudas, éstas aumentaron cuando la SIEDO reventó el escándalo de Nahúm Acosta, pues el régimen foxista siempre cargó con la sospecha de que protegió, desde la presidencia de la República, al *Chapo* Guzmán: el cual antes y después de su encarcelamiento tuvo el apoyo financiero de sus socios: los hermanos Beltrán Leyva, el famoso grupo de narcotraficantes conocido como *Los Tres Caballeros*. La fuga del *Chapo* había agitado al país. Tras la huida de Puente Grande empezaron las matanzas en Tijuana, Sinaloa, Sonora, Nuevo León, Michoacán, Guerrero, Jalisco, Colima, Veracruz, Tabasco, Quintana Roo y Tamaulipas. En este último estado, la guerra entre los cárteles del Golfo y Sinaloa aún no termina. Sus cabecillas se persiguen por todas partes, como enemigos irreconciliables, atados por el odio y la venganza.

La descomposición del país, desde entonces, era evidente. La violencia devoraba vidas por todas partes. Los cárteles de la droga aumentaron el trasiego de cocaína por México, pues se convirtió en un país seguro para el tránsito de los cargamentos ilegales provenientes de Sudamérica. Y es que durante el régimen foxista, el narcotráfico logró penetrar las estructuras de las policías tanto federales como estatales. Muchos mandos altos y medios fueron ejecutados en el país. La razón: estaban incorporados a las estructuras de los cárteles. Recibían dólares, muchos dólares.

En cada estado del país aumentaba la violencia contra los cuerpos de seguridad. Con frecuencia aparecían policías asesinados y decapitados con mensajes alegóricos a la saña y la revancha. También brotaron las pruebas que evidenciaron cómo la policía se incorporó a los cárteles como una pieza más del entramado de las organizaciones criminales. La Agencia Federal de Investigación (AFI), la policía modelo del gobierno de Fox, terminó sirviendo al cártel de Sinaloa. Muchos de sus agentes se convirtieron en empleados de los Beltrán Leyva, a través de Edgar Valdez Villarreal, *La Barbie*, su jefe de gatilleros.

Conforme el sexenio agonizaba, era más visible la impotencia de

Fox para frenar el narcotráfico. El control se le había salido de las manos. La violencia estaba desbordada y muchos estados enfrentaban un verdadero colapso. Mientras en las calles la delincuencia ganaba espacios, Vicente Fox trataba de cerrar los caminos legales para los capos de la droga. Fue así que la Suprema Corte de Justicia de la Nación, que en otro momento se mostró reacia para abrir la puerta a las extradiciones, realizó modificaciones a la Ley de Extradición, para complacer las exigencias del gobierno norteamericano.

En los primeros tres años del régimen anterior, las rutas legales para frenar una extradición eran amplias. Bastaba que el gobierno de Estados Unidos solicitara la extradición de un capo por delitos no compatibles con la legislación mexicana, o que la solicitud no incluyera una carta de compromiso para garantizar la no aplicación de la pena de muerte, o la cadena perpetua, para que la petición se considerara violatoria de las garantías individuales.

Obediente con la figura presidencial, la Corte modificó todo el entramado legal y resolvió, tiempo después, que la cadena perpetua no era una pena inusitada y, por lo tanto, tampoco significaba un impedimento legal para autorizar una extradición (y ello, a pesar de que en la Constitución mexicana está prohibida la prisión perpetua. Aunque, en los hechos ya sea una práctica común, pues cuando algún prisionero es sentenciado, por varios delitos, a una determinada cantidad de años, las sentencias acumuladas prácticamente equivalen a un encarcelamiento vitalicio).

En resumen, el gobierno foxista finalizó sin poder frenar la violencia del narcotráfico. Más de 3 mil muertos se contabilizan en el sexenio del cambio, el régimen que le declaró la guerra al narcotráfico y terminó derrotado por los capos de la droga. Fox no pudo, no supo o no quiso actuar. Quizá le faltó voluntad política; pero es más probable, o más seguro, que las redes de complicidades se lo impidieron.

Narcos contra policías

Sin freno en el país desde el sexenio pasado, la violencia del narcotráfico ha crecido por todo el territorio nacional. De muy poco sirvió el programa emergente *México Seguro*, implementado para detener la ola delictiva. Los ajustes de cuentas continuaron, y sobre todo contra los cuerpos policiacos, que durante la administración de Vicente Fox terminaron no sólo penetrados por el narcotráfico, sino que muchos agentes ministeriales, municipales, judiciales y federales se incorporaron a las filas del narco. En diversas entidades de la República, los policías se acomodaron como brazos ejecutores en las distintas células de la delincuencia organizada. Al mismo tiempo que se desempeñaban como policías y cumplían con su deber, en sus horarios libres o incluso en plena faena policiaca servían a los intereses del narco. Ésa es una de las razones por las que, en los últimos años, la más cruenta violencia se ha centrado en las corporaciones que operan en la República.

Al tomar posesión, el 1 de diciembre de 2006, con gran enjundia Felipe Calderón anunció que frenaría la violencia y recuperaría los espacios públicos para la convivencia social. Para ello, sacó a cerca de 70 mil militares de sus cuarteles a realizar funciones policiacas, así como otro tanto de agentes federales, quienes emprendieron varias operaciones conjuntas en el país para detener la oleada de violencia.

Pero Calderón aterrizó pronto en la realidad. Antes de que su gobierno cumpliera cien días, las medidas de fuerza implementadas contra el narcotráfico —los operativos militares y policiacos, así como las extradiciones— detonaron la violencia en todo el país, tal como ocurrió poco después de que Vicente Fox implementara el programa *México Seguro*. Ahora, como entonces, las medidas emergentes han estado completamente desprovistas de trabajo de inteligencia.

Las arremetidas del narcotráfico aumentaron después de que el presidente determinó extraditar a los principales capos del narcotráfico hacia Estados Unidos. La respuesta del crimen organizado no se había dejado sentir, pero semanas después empezaron las ejecuciones en toda la República, a pesar de que la mitad del Ejército Mexicano estaba fuera de sus cuarteles, patrullando y recorriendo varios estados del país.

Gran parte de la violencia desatada por los barones de la droga tuvo como blanco principal los cuerpos policiacos, como ya se dijo. La violencia contra la policía no era por las acciones de éstos contra el crimen organizado, como se empeñó en decir la PGR. No. Las muertes de policías tenían que ver con venganzas y ajustes de cuentas tanto del narcotráfico como de sus propios compañeros de trabajo. El narco los convirtió en rivales. Estos hechos se multiplicaron en varios estados del país.

En el caso de Tamaulipas, aunque debe decirse que la película se repite en toda la República, la policía local, según datos de la PGR, está dividida: unos están relacionados con el cártel del Golfo, otros con el de Sinaloa y otra parte con el resto de las organizaciones criminales que se disputan el control de ese territorio, sobre todo las fronteras de Reynosa, Matamoros y Nuevo Laredo, actualmente bajo el control del cártel del Golfo.

En Acapulco ocurrió lo mismo. Al menos una veintena de agentes de la AFI, de acuerdo con la SIEDO, fueron reclutados por Edgar Valdez Villarreal, *La Barbie*, jefe de gatilleros del cártel de Sinaloa. Este grupo de policías operaba como un comando armado para secuestrar o «levantar» a los rivales de ese grupo criminal que pretendían ocupar la plaza. Los policías municipales, por su parte, se incorporaron a la estructura criminal del cártel del Golfo y otros a la banda de los hermanos Beltrán Leyva. Esto provocó riñas, choques y hasta enfrentamientos armados entre los propios agentes, quienes terminaron enfrascados en una pugna no sólo con los grupos rivales, sino entre sus propios compañeros de trabajo.

Poco después de que el presidente Felipe Calderón ordenó que los más de 60 mil soldados salieran de sus cuarteles para atacar al narcotráfico, en operaciones conjuntas con las policías federales, la violencia brotó por todas partes. Irritados por la presencia militar, y seguramente por las extradiciones de varios narcotraficantes hacia Estados Unidos, las células de la delincuencia organizada se empezaron a mover y decidieron seguir ajustando sus cuentas a pesar de los desplazamientos del Ejército Mexicano y de las policías federales.

El Operativo Conjunto Michoacán y el resto de las operaciones militares derivadas de este programa pronto se vieron empañadas por la ola de violencia: ejecuciones de policías y de narcotraficantes se multiplicaron entre los meses de enero y febrero, particularmente, en los estados de siempre: Nuevo León, Guerrero, Michoacán, Baja California, Sinaloa, Chihuahua y Tamaulipas. Al mismo tiempo que Calderón arremetía en sus discursos contra el hampa organizada, los narcotraficantes respondían con un asesinato, con dos y hasta con siete crímenes, como ocurrió el 5 de febrero en Acapulco, Guerrero.

Los estados más sacudidos por las ejecuciones fueron Michoacán, Nuevo León, Tamaulipas, Baja California, Sinaloa, Sonora y Guerrero. En esas entidades no ha cesado la guerra entre los cárteles del Golfo y Sinaloa. Hasta el 2 de noviembre de 2006, casi un mes antes de que Vicente Fox terminara su mandato, el territorio que gobierna Lázaro Cárdenas Batel contabilizaba cerca de 500 ejecuciones. Nuevo León sumaba 42 —la mayoría contra jefes policiacos—, pues todas tenían el sello del narco: la saña y el uso de armas prohibidas.

En los últimos meses, la violencia arrasó a los jefes policiacos de diversas entidades. De junio de 2005 a febrero de 2006, fueron ejecutados por el crimen organizado Alejandro Ramírez Coello, miembro de la Secretaría de Seguridad Pública de Nuevo Laredo; Héctor Eduardo Ayala Moreno, director de la Policía de San Pedro Garza García, Nuevo León; José Torres Durán, coordinador de la Policía Ministerial de Chihuahua; Carlos Brawser Miret, director de Seguridad Pública de Rosarito, Baja California; Edmundo Fernández Corral, jefe operativo de la Policía Municipal de Chihuahua; Gregorio Mendoza y Daniel Landa Magaña, director y comandante, respectivamente, de la Seguridad Pública de Lázaro Cárdenas, Michoacán, así como Javier García Rodríguez, secretario de Policía y Tránsito de Sabinas, Hidalgo.

A pesar de las acometidas del narcotráfico y de la fuerte presencia de narcotraficantes, en Nuevo León —tierra considerada como refugio de capos— el gobernador González Parás se rehusaba a aceptar la intervención del Ejército para detener la saga de crímenes. «Nosotros podemos con la violencia», decía sobradamente el mandatario a los empresarios de Nuevo León, que ya mostraban signos de preocupación e incluso de temor ante la avasallante violencia del crimen organizado.

Cuna de la clase empresarial más pudiente de México, Nuevo León se convirtió en territorio disputado por el narcotráfico. La razón: su cercanía con Tamaulipas y sus amplias comunicaciones hacia Estados Unidos. También es un escondite seguro, pues esa misma clase empresarial suele mezclarse con importantes narcotraficantes sin que nadie note la diferencia. Narcos y empresarios viven en los mismos barrios lujosos, usan carros blindados y escogen las mejores residencias para vivir, muchas de ellas ubicadas en el municipio más próspero de México: San Pedro Garza García.

Pese al aumento de la escalada de violencia, los altos funcionarios del gobierno de Nuevo León se empeñaron en minimizar la violencia y en negar la presencia del narcotráfico en el estado. El 3 de mayo de 2006, el secretario general de gobierno, Rogelio Cerda, se refirió a las ejecuciones del narcotráfico: «Las ejecuciones del crimen organizado se dan en submundos peligrosos, donde no se encuentra la mayoría de la gente… Esas ejecuciones se siguen dando en ese submundo del que hemos hablado… casi todas tienen su circunferencia, su gravitación en torno de la familia Valdez… Pero fuera de ahí, de esos círculos, no sale el asunto de la violencia… Tenemos que reconocer, y no permitamos que cambie, vivimos en una ciudad segura, segura para aquellos que no andan en esos submundos peligrosos».

Pero la realidad del estado es distinta. Al finalizar el sexenio de Vicente Fox, y al comenzar la administración de Felipe Calderón, el narcotráfico aumentó su violencia en Nuevo León, a grado tal que el propio gobernador no tuvo más remedio que solicitar el apoyo del Ejército y aceptar, a regañadientes, que su estado está infectado por el crimen organizado y el lavado de dinero.

Y es que en Monterrey están asentados los cárteles del Golfo y de Sinaloa, cuyos brazos operativos disponen de protección oficial, según datos de la PGR que investiga los vínculos de la policía con el crimen organizado. Aunque data de tiempo atrás, la guerra del narcotráfico se intensificó en Nuevo León entre 2005 y 2006.

Uno de los asesinatos que más sorprendieron a la sociedad fue el que ocurrió en el municipio de Escobedo en mayo de 2006, cuando fue ejecutado Juan Martín Flores García, identificado como uno de los operadores de *El Chapo* Guzmán. Este dato fue confirmado por la versión de otro detenido, Óscar Alejandro Jiménez de Hoyos, quien confesó lo que sabía sobre el grupo criminal que opera en Monterrey y otras demarcaciones neoleonesas.

Supuestamente este enfrentamiento se desató luego de que *Los Zetas* persiguieron a Mauro Landell Monzón, señalado por Flores García como sobrino de Guzmán Loera, quien escapó de ser ejecutado por el grupo armado al refugiarse en el municipio de Sabinas, donde fueron asesinados, en aquella ocasión, tres policías supuestamente relacionados con el narcotráfico. Para su defensa, Juan Martín Flores contrató los servicios del abogado Julio Vargas Zavala, quien meses después fue ejecutado de varios disparos cuando llegaba a su oficina. El litigante fue asesinado cuando defendía a los hermanos Javier y Jaime Valdez Martínez —éste último ex policía ministerial—, señalados como operadores del cártel de Sinaloa en Nuevo León.

Los signos de la descomposición policiaca en Nuevo León fueron más claros con el paso de los meses. La policía, nadie lo duda, protege a varias bandas del narcotráfico. Ejemplos sobran. En abril del 2006, fueron ejecutados, presuntamente por gatilleros del cártel de Sinaloa, Alejandro Hernández Aguirre, *El Chamo,* y Ricardo Peña Venzor, *El Calabazo.* Estos sujetos —y un tercero identificado como Pedro y quien sólo resultó herido— fueron ametrallados cuando protegían precisamente la casa de los hermanos Valdez Martínez, famosos en Monterrey por sus andanzas en el narcotráfico y por la protección que reciben de la Policía regia.

El 12 de septiembre de ese mismo año, un grupo de sicarios ejecutó al director de Seguridad Pública del municipio de Linares, Nuevo León, Enrique Barrera Nevárez, cuando salía de su casa. El hecho ocurrió en el preciso momento en que Barrera se despedía de su esposa. Este asesinato escandalizó aún más a la sociedad regiomontana. La ola de violencia parecía imparable. Seguramente Barrera Nevárez estaba siendo perseguido desde hacía varios días, porque fue asesinado en el momento en que subía a su camioneta Chevrolet *pick up*. Los sicarios arribaron al sitio a bordo de una cuatro por cuatro y cuando lo vieron salir dispararon una ráfaga de tiros. Doce impactos se incrustaron en el cuerpo del funcionario, quien cayó abatido por los disparos de los rifles AR-15. Barrera ya tenía varios avisos de muerte. Una amenaza y un atentado, ocurrido el 12 de junio de 2006, del que salió ileso. Con esa ejecución sumaban seis los jefes policiacos asesinados, hasta esa fecha, por gatilleros al servicio de las bandas del narcotráfico.

Quizá el asesinato que causó mayor revuelo político fue el de Marcelo Garza y Garza, director de la Agencia Estatal de Investigación en el municipio de San Pedro Garza García, uno de los más infectados por el narcotráfico. Este personaje fue, en el 2000, un fuerte candidato para encabezar la UEDO al inicio de la administración de Vicente Fox. En aquel tiempo, José Larrieta Carrasco había salido de la PGR, confrontado con Rafael Macedo de la Concha. Su lugar quedaba vacante. Entonces el procurador general de la República mandó llamar a Garza y Garza para hacerse cargo de la UEDO. El proyecto, sin embargo, no prosperó. El cargo fue ocupado por José Luis Santiago Vasconcelos, quien duró todo el sexenio foxista en el puesto.

El día que lo ejecutaron, 5 de septiembre de 2006, Marcelo Garza estaba en una misa en la iglesia de Fátima, en San Pedro. El cura pronunciaba su sermón cuando el jefe policiaco recibió una llamada telefónica que lo obligó a abandonar la homilía. Con paso veloz salió de la iglesia y caminó hacia los jardines.

—Sí, diga… ¿En qué puedo servirle? —preguntaba Garza con la cabeza inclinada y el celular pegado a la oreja izquierda.

En ese instante el reloj marcaba las 20:50 de la noche. Mientras Garza seguía atendiendo la llamada, dos sujetos descendieron de un auto, desenfundaron sus armas y le dispararon al funcionario en la cabeza. Los impactos fueron certeros. Garza y Garza cayó abatido por las balas. El crimen causó conmoción entre los feligreses, que se apiñaron junto al cuerpo ensangrentado. El sacerdote que oficiaba la misa abandonó el púlpito, se abrió paso entre la muchedumbre y se acercó al cadáver. Junto al cuerpo del occiso rezó una oración. «Que descanse en paz», dijo en voz baja y mirando a las alturas. Se asegura que el crimen no es ajeno al narcotráfico. Días antes, elementos bajo el mando de Garza habían descubierto un cargamento de armas y el jefe policiaco se aprestaba a realizar una rotación de mandos que seguramente incomodó a algunos comandantes.

Como ya se dijo, tanto en Nuevo León como en Guerrero, Michoacán, Baja California, Sinaloa y Sonora, la violencia se centró, en buena medida, entre las corporaciones policiacas. Y esa violencia fue un claro signo de cómo los cuerpos policiacos de todos los niveles terminaron infiltrados por el crimen organizado. En muchos estados la policía se incorporó a los cárteles como brazos ejecutores o como sicarios: realizaban «levantones» de enemigos para que fueran ejecutados.

Por esa y otras razones, por todas partes aparecieron policías ejecutados y hasta decapitados, como ocurrió en 2006 en Acapulco, Guerrero, donde varios agentes municipales relacionados con el cártel de Sinaloa y con *Los Zetas* fueron acribillados presuntamente por venganza. Precisamente en Guerrero rodaron las primeras cabezas de policías. Cercenadas aparentemente con una sierra, en abril de 2006 aparecieron las cabezas del comandante de la Policía Federal Preventiva Municipal, Mario Núñez Magaña, y del agente Jesús Alberto Ibarra Velásquez. Junto a sus cabezas todavía sangrantes aparecía el mensaje criminal del narcotráfico: «Para que aprendan a respetar». El hecho violento se le atribuyó a *Los Zetas*, pero más tarde se supo que miembros de *La Mara Salvatrucha*, incorporada al cártel de Sinaloa, también recurre a esta práctica de muerte como una forma de enviar un mensaje amenazante del nivel de su saña y con el fin de imponer respeto dentro de la guerra entre cárteles. Más sorprendente resultó ver las cabezas de estos agentes colocadas en uno de los muros de la Secretaría de Finanzas de la colonia La Garita.

Durante 2006, Guerrero se convirtió en el epicentro de la guerra entre los cárteles del narcotráfico. La violencia siguió contra los policías. También en el mes de abril del año pasado fueron emboscados, en Chilpancingo, Fidel Arellano, director de la Policía Federal Preventiva, y el agente Everardo Pérez Serrano. Y a pesar del Operativo Conjunto Guerrero, los focos rojos han seguido encendidos en ese estado.

El 6 de febrero una ejecución múltiple conmocionó a los guerrerenses. Ese día todo parecía tranquilo en las oficinas policiacas de Acapulco. El día era soleado, propio para caminar por la costera Miguel Alemán y disfrutar de la brisa marina. En la oficina de la Policía Investigadora Ministerial, ubicada en las colonias Ciudad Renacimiento y Emiliano Zapata, las labores se desarrollaban en forma normal, en medio de un ambiente de armonía. Los teléfonos repiqueteaban, las voces de las secretarías se escuchaban activas, lo mismo que el tableteo de las máquinas de escribir y de las computadoras. Al filo de las 10 de la mañana, un comando armado a bordo de una suburban verde olivo se aproximaba a la comandancia localizada en El Renacimiento. Armados con rifles AR-15, el grupo vestía uniforme militar. Se ignora si eran miembros de las Fuerzas Armadas o sicarios vestidos de soldados.

El grupo de gatilleros irrumpió con fuerza en la oficina central de la policía. Pidió a los agentes y a las secretarias atender el llamado. «Entreguen las armas…Vamos hacer una revisión de rutina», dijeron los hombres armados. Y todos los agentes, que suponían que se trataba de un operativo normal, como parte de las acciones del gobierno federal contra el narcotráfico, entregaron su armamento. Otro de los miembros del comando traía una cámara de video y se preparaba para filmar la escena trágica.

En el momento en que aquel comando tuvo las armas en su poder, comenzaron a disparar contra los policías. El tiroteo alcanzó a las secretarias. En esa primera acometida del narcotráfico contra los agentes murieron los policías Salvador Rodríguez y Félix Suástegui, así como la secretaria Ángeles González. Ahí quedaron sus cuerpos tendidos con varios disparos en el cuerpo.

La misma operación se repitió, una hora más tarde, en la base policiaca de la colonia Emiliano Zapata. Ahí fueron asesinados, a balazos de rifles AR-15, el agente del Ministerio Público del Fuero Común, Carlos Castillo, los agentes investigadores ministeriales Raúl Narciso Hernández, José Luis Santoyo y otra secretaria: Griselda Olivares. Sobres estos hechos nadie dudó que están relacionados con el narcotráfico. La PGR emitió un comunicado en el que aceptó que estas muertes eran la respuesta del narcotráfico ante los operativos militares, pero momentos después cambió su versión y argumentó que se trataba de grupos delictivos infiltrados en las corporaciones policiacas.

No es el único ataque a las bases policiacas de Guerrero. El 10 de febrero de 2006 fue agredido a balazos el módulo de la policía en la zona conocida como Playa Caleta, ubicado en La Garita, colonia famosa por los enfrentamientos entre narcos y policías. El 5 de noviembre de 2006 fue atacado por gatilleros el destacamento de la Policía de la colonia Los Lirios, en Acapulco; 18 días después otra arremetida del narcotráfico sucedió en la base de la colonia Libertadores de ese puerto turístico. Dos ataques más fueron perpetrados, el 5 de febrero y el 8 de agosto pasado, respectivamente, contra el cuartel de la policía estatal en Puerto Marqués.

Al igual que Nuevo León y Guerrero, otros estados resienten las acometidas del narco y los principales blancos son policías locales, a quienes se les liga con la protección del narco.

Desde su arranque, a principios de enero, los operativos contra el narcotráfico implementados por el presidente Felipe Calderón resultaron un fiasco. En Michoacán se multiplicó la violencia. Aunque no fueron inmediatas, las reacciones del narco no se dejaron esperar: a las más de 500 ejecuciones que se cometieron al cerrar el 2005 se sumaron otro tanto, igual de impactantes, como respuesta a las acciones militares y policiacas.

Por la pobreza de sus resultados y porque carece de logística y de trabajo previo de inteligencia, los operativos fueron severamente cuestionados en Michoacán. «Ha sido un operativo mediático y con un fuerte efecto cucaracha (se refieren a la dispersión de los delincuentes). Es mucho ruido y pocas nueces», dijeron los diputados Fernando Cano

31

Ochoa y Eugenio Torres Moreno, representantes de las comisiones de Justicia y seguridad pública del Congreso Michoacano.

Después de Michoacán, el *tour* militar llegó a Tijuana. Trescientos efectivos del Ejército instalaron retenes en las entradas y salidas a la ciudad. La acción más fuerte que realizó el Ejército fue desarmar a la Policía Municipal de Tijuana, acusada de estar coludida con el narcotráfico, en particular con el cártel de Tijuana. La violencia, sin embargo, continuó sin freno a pesar de la presencia de las Fuerzas Federales de Apoyo.

La tarde del 5 de enero el alcalde de Tijuana, Jorge Hank Rhon, festinaba gustoso que su policía hubiera sido tomada en cuenta para apoyar el operativo antinarcóticos que, meses atrás, le había solicitado al gobierno federal para frenar la ola de secuestros. Pero horas más tarde, el rostro de Hank endureció. La razón: Tijuana se había quedado sin policías. Supuestamente por una orden superior, la coordinación para implementar el operativo se transformó en una investigación de fondo: en una acción sin precedentes, los militares y el grupo de policías federales sometieron a la Policía Municipal y les quitaron las armas.

Ese día, Hank Rhon terminaba un recorrido por la colonia Divina Providencia. Eran alrededor de las cinco y media de la tarde. El alcalde manejaba su camioneta de regreso a su oficina cuando recibió una llamada telefónica que lo alertó del desarme de la Policía Municipal.

—¿Qué dices? ¿Estás seguro? En eso no quedamos. Acordamos que sería poco a poco, no de un jalón todo... —respondía Hank a su interlocutor, quien le informaba sobre los pormenores del extraño desarme.

Y luego comentó: «Si armados los están matando, pues sin armas nadie va a querer trabajar. Esto no había ocurrido nunca. Además, ese no fue el trato. Sí acordamos que iban a revisar las armas, pero no que se las iban a quitar. ¿Ahora cómo van a realizar su trabajo? La policía no puede estar desarmada. Yo les dije muy claro que la mitad de la policía podían dejar sus armas, pero no todos».

El temor de Hank Rhon no era algo menor. Tijuana vive una extrema violencia, pues muchos de los gatilleros y lugartenientes de los operadores del cártel de Tijuana fueron dados de baja por esa empresa criminal y, la mayoría de ellos, encontraron acomodo en la industria criminal del secuestro. Por eso se incrementaron los plagios en la ciudad, pues los sicarios necesitaban capitalizarse para poder regresar al negocio original: el tráfico de drogas. Otra parte de la Policía de Tijuana también mostraba signos de preocupación, pues el cártel de los hermanos Arellano Félix ya no tiene el control total de Tijuana ni del estado: ahora otros grupos, encabezados por Ismael *El Mayo* Zambada, están ocupando posiciones importantes en la entidad. Y al igual que *El Chapo* Guzmán, jefe del cártel de Sinaloa, los gatilleros de Zambada han golpeado los diques de contención del cártel de Tijuana y han logrado debilitar su estructura, pues buena parte de la violencia se ha centrado en las bases policiacas, el principal apoyo del cártel de Tijuana.

Hasta ahora, las investigaciones contra los agentes municipales de Tijuana están vigentes. Muchos comandantes y jefes de grupo son considerados por la PGR como empleados activos del cártel de Tijuana. La Policía tijuanense está compuesta de 2 mil 300 policías. Tiempo después y a pesar de que las sospechas lo alcanzaban, Hank Rhon aprovechó los reflectores de la prensa local y nacional para anunciar su candidatura al gobierno de Baja California.

Calderón ante el narco

En medio de la más cruenta violencia detonada por el narco, Felipe Calderón Hinojosa arrancó su campaña presidencial con un rosario de promesas a cuestas, pero con un espacio vacío en su agenda de trabajo y en su discurso político. El narcotráfico fue el tema del que menos habló en sus recorridos por el país. Más preocupado por revertir los golpes del contrincante de la izquierda, Andrés Manuel López Obrador —como el que le asestó al denunciar el presunto tráfico de influencias maniobrado por Calderón durante su paso por la Secretaría de Energía, y que desparramó beneficios para familiares y amigos—, el candidato panista se olvidó del lacerante tema de la inseguridad y de la violencia desatada por los capos de la droga, que ante la falta de acuerdo político y de un interlocutor con quien ponerse a negociar, buscaron una suerte de liderazgo mediante el método que mejor conocen: el ajuste de cuentas.

A pesar de que buena parte de la República estaba incendiada por la inseguridad pública —decapitaciones, «levantones» y ejecuciones sacudían al endeble gobierno foxista, ante la falta de liderazgo y de voluntad del mandatario de las botas vaqueras—, Felipe Calderón apenas dedicó unas cuantas líneas al tráfico de drogas. Un flagelo que, como nunca antes había sucedido, alcanzaba ya niveles desbordantes y, al mismo tiempo, develaba importantes evidencias sobre las complicidades de los capos con el poder político.

El 26 de febrero de 2006, Calderón abordó el tema de manera lacónica, pero a pesar de lo parco de su discurso dejó un claro mensaje, durante una conferencia de prensa celebrada en Ciudad Juárez, Chihuahua. En aquella ocasión, Calderón expuso que su gobierno no acabaría con el narcotráfico. El ahora presidente de México había bajado la guardia frente al poder de los capos, al aceptar que sería irresponsable de su parte comprometerse a erradicar el tráfico de drogas durante su periodo presidencial.

¿Le estaría enviando el mensaje a algún capo en particular? ¿El mensaje estaría dirigido al cártel de Juárez o a Joaquín Guzmán Loera, amo y señor del negocio de las drogas en México?

La postura de Calderón no cobraría relevancia sin considerar en qué ciudad se encontraba el abanderado del PAN. Felipe Calderón estaba pisando la cuna del cártel que ahora comanda Vicente Carrillo Fuentes: la organización criminal quizá mejor relacionada con el poder político, desde el sexenio de Ernesto Zedillo Ponce de León, cuando se detectaron estrechos acercamientos entre miembros de ese grupo y altos mandos del Ejército Mexicano.

Desde esa ciudad fronteriza, Calderón delineó, con unas cuantas palabras, cuáles serían los alcances de la política antidrogas que pondría en marcha durante su gobierno, y que parecen coincidir, en la forma y en el fondo, con la aplicación del Operativo Conjunto Michoacán y el Sierra Madre, implementados como medidas emergentes y mediáticas que fueron anunciados pocos días después de tomar posesión como presidente. Si no es acabar con el narcotráfico, ¿entonces qué sentido tienen los operativos militares y policiacos? Parecen tener un solo fin, según se observa: acabar con el llamado narcotráfico desorganizado, para dejar en libertad de actuar a las grandes elites que manejan el tráfico de drogas a gran escala.

Después de explicar hasta dónde podía llegar el combate al narcotráfico, Calderón fue claro al afirmar: «Lo que sí creo es que se podrán hacer tareas que permitan al Estado retomar el control de las calles y que los ciudadanos, en vez de que estén tras las rejas de sus casas y los delincuentes en la calle, puedan volver a salir a las calles y los (narcotraficantes) estén en la cárcel».

Sin ser el narcotráfico uno de los temas importantes de su campaña política, el presidente Felipe Calderón se avocó, con instrumentos improvisados, al combate de las células desorganizadas. El Ejército terminó arrebatándole a la PGR el control de la erradicación de cultivos y sus altos mandos encabezan la lucha antidrogas (a pesar de que legalmente la persecución de ese delito le corresponde al Ministerio Público Federal). Los operativos parecen más bien un intento desesperado del presidente Calderón por ganar aceptación ante una sociedad que lo ve con rechazo, por las dudas sobre su triunfo electoral, y cuya incertidumbre ha terminado por cubrir todo su entorno político.

Después de haber ganado las elecciones en medio de fuertes cuestionamientos, por la presunta existencia de un fraude electoral, Felipe Calderón pudo tomar posesión como presidente de la República, pero enfrentó otro obstáculo: el presidente saliente Vicente Fox y su equipo cercano, cuya figura más poderosa, sin duda, era su esposa Marta Sahagún, la inquietante pesadilla sexenal.

Se acercaba el primero de diciembre de 2006, la hora decisiva. El recinto legislativo ardía. El PRD y sus aliados trataban de impedir la toma de posesión del presidente electo. Nadie parecía poner orden ni disponer de la capacidad política para negociar en medio del caos. Ante el encono político, se propuso sin éxito un lugar alterno para que Felipe Calderón asumiera el poder, un poder presidencial bajo cuestionamiento y envuelto en la sospecha. En vísperas del acto protocolario en el Congreso, Felipe Calderón afinaba los últimos detalles de su gabinete. El equipo de seguridad fue el último en ser anunciado. Había jaloneos y choques. No era para menos: todos querían estar al frente de la lucha contra el narcotráfico, cuidar sus intereses y probablemente proteger a sus aliados. Era la guerra. Maniatado por la ultraderecha encabezada por el líder del PAN, Manuel Espino, una pieza incómoda en el nuevo esquema político, y presionado por Vicente Fox, quien se resistía a dejar el poder sin mantener algunos cotos en el nuevo gabinete, Felipe Calderón empezó a enfrentar fuertes presiones del círculo político más estrecho al ex gobernador de Guanajuato. Fox y su esposa se empeñaron en nombrar a varios de los secretarios de Estado. Esto provocó el enojo del presidente electo, quien se negaba a ceder ante las presiones. Pero a través de sus múltiples redes, lograron salirse con la suya. En esos momentos de tensión, Calderón maniobró en un estrecho margen. Estuvo casi cercado, pues el equipo de Vicente Fox se iba de Los Pinos pero presionaron, hasta el último segundo, por mantener una amplia cuota de allegados en el gabinete, que cuidaran las espaldas del grupo político saliente.

Y es que el equipo foxista mostraba tensiones y claros signos de preocupación, debido a las presuntas complicidades que, desde Los Pinos, se tejieron con el narcotráfico. Al interior de la residencia presidencial se tomaron acuerdos para dejar al menos un aliado confiable en el gabinete calderonista. Se asegura que la primera dama, Marta Sahagún, fue una de las piezas que más presión ejerció, como lo hizo a lo largo del sexenio, para que el nuevo secretario de la Defensa Nacional fuera el general Guillermo Galván Galván, un militar con amplia carrera que, entre otros cargos operativos, fue comandante de zona en estados con fuerte presencia de los cárteles de Juárez y Sinaloa; entre otros, Chihuahua, Querétaro, Estado de México, Michoacán, Veracruz, Tabasco y el Distrito Federal.

Se afirma que Galván Galván, hombre de piel negra y de rostro duro, no era el candidato del presidente Calderón para ocupar la titularidad de la Sedena. En la lista figuraba un viejo conocido del presidente: Tomás Ángeles Dauahare, ex secretario particular del ex secretario de la Defensa Nacional, Enrique Cervantes Aguirre, poderoso militar en tiempos de Ernesto Zedillo. El General Ángeles Dauahare fue un hombre importante en el sexenio zedillista: encabezó una comisión especial para desentrañar la «farsa» encabezada por el Subcomandante Marcos, quien un año antes se había erigido como adalid de los indígenas. El militar, ahora convertido en subsecretario de la Defensa Nacional, es general de División Diplomado de Estado Mayor y, en el pasado reciente, figuró como jefe de las zonas militares adscritas a los estados de Baja California y Guerrero. También fue oficial en el 24 Batallón de Infantería de Puebla y titular de la Agregaduría de Defensa, Militar y Aérea de la Embajada de México en Estados Unidos.

El 30 de noviembre de 2006, en medio de las tensiones políticas, Ángeles Dauahare estaba «palomeado», como secretario de la Defensa Nacional, en la lista del presidente Calderón. Tan seguro estaba de su nombramiento, que empezó a dar las indicaciones para garantizar la toma de posesión de Felipe Calderón en el recinto legislativo, incendiado por los afiebrados perredistas, que aún permanecían atados a los grilletes del rencor por la derrota de Andrés Manuel López Obrador.

Sin embargo, ese mismo día y contra su voluntad, el presidente electo tuvo que meter reversa y aceptar las condiciones impuestas por el presidente Fox: el secretario de la Defensa sería Guillermo Galván Galván. De esa manera, cuando el cronómetro del poder estaba a punto de llegar a la hora final, la familia presidencial maniobró para proteger sus intereses y garantizar impunidad.

Sorprendido por el acotamiento de su libertad como presidente, Calderón tuvo que ceder. Desprovisto de apoyo, el político michoacano mostró sorpresa y hasta cierta decepción. Si bien como candidato presidencial Felipe Calderón evidenciaba marcados gestos de preocupación, por momentos éstos daban paso a algunos destellos de optimismo; como presidente, su rostro es el de un hombre tibio que trae a cuestas la sombra del desencanto.

Al cumplir 75 días en el poder, Calderón visitó la ciudad de Monterrey. En esas tierras mostró signos de cansancio, pues dijo que parecía que ya llevaba siete años en la presidencia. Calderón no tiene fuerza en su discurso. Su palabra suena hueca, débil, sin convicción, desprovista de la energía que sólo surge del convencimiento y de la certeza que brota cuando el hombre cree en lo que hace y está convencido de lograr el objetivo trazado. Felipe Calderón se ve desangelado y por momentos parece un presidente que sólo atiende una agenda política diseñada por otro poder, por algo superior a él que le dicta qué hacer y cómo actuar. ¿Quién gobierna este país? ¿El poder del narcotráfico y de la narcopolítica?

Con el estigma de la ilegitimidad a cuestas, Calderón arrancó su gobierno implementando medidas espectaculares para lograr un propósito que le urgía: posicionarse como presidente de la República y demostrar firmeza ante un puñado de mexicanos que, a pesar de haber sido declarado presidente de México, lo seguían viendo con sospecha e incertidumbre.

Al mismo tiempo que atrajo los reflectores, después de haber tomado posesión como presidente de la República, Calderón ordenó poner en marcha, en todos los medios de comunicación, una campaña propagandística que anunciaba una obviedad insólita: que el país ya tenía un nuevo gobierno federal.

Atrapado en medio de dos realidades —la urgencia de legitimarse y el alto índice de violencia y corrupción por el narcotráfico que le heredó Vicente Fox—, Felipe Calderón tuvo que apoyarse en el Ejército, como no lo ha hecho ningún otro presidente en la historia reciente del país. Urgido de la aprobación social, diez días después de haber tomado posesión, Felipe Calderón anunció la puesta en marcha del Operativo Conjunto Michoacán, que más tarde se extendió, con otros nombres, a toda la República.

En aras de alcanzar su propósito, el presidente terminó sometiéndose al poder militar. Esto a pesar de la fuerte confrontación que brotó entre Marinos y Militares. Ambos poderes se empezaron a disputar el control de la política antidrogas. Hubo choques y disputas. Entre ambas instituciones privó el desacuerdo. El Ejército se impuso. Fiel a la milicia —su único soporte— Calderón no sólo se puso la casaca verde olivo, la señal que marcaba quiénes encabezarían la lucha antidrogas, sino que les otorgó mayor poder para enfrentar a la delincuencia organizada (aunque no al narcotráfico, pues el negocio continúa, boyante, en toda la República).

Mientras en la presidencia de la República y en las secretarías de Gobernación y de la Defensa Nacional se afinaba la estrategia para el despliegue militar en varios estados del país, en Michoacán, tierra natal del presidente, se enseñoreaba la violencia desatada por el narcotráfico. Atractiva para la mayoría de los cárteles de la droga, esa entidad se convirtió en la zona más disputada por las organizaciones criminales, después de Tamaulipas, que es la frontera que mayores facilidades ofrece para el tráfico de drogas.

A Calderón le tocó gobernar con una radiografía del narcotráfico modificada y con su estado de origen convertido en un verdadero rastro, por las matanzas perpetradas por los barones de la droga. En Michoacán no sólo opera el cártel del Milenio, encabezado por los hermanos Valencia Cornelio. Atraídos por su posición geográfica y sus amplias conexiones hacia cualquier punto del país, en esa entidad confluyen varias fuerzas del narcotráfico provenientes de Guerrero, Jalisco y Sinaloa. De este último territorio han surgido las organizaciones criminales que actualmente se disputan el control del país y, sobre todo, el de las fronteras, pues saben que el grupo que domina en esos límites territoriales es el que marca las pautas del negocio.

Zona de abastecimiento de la droga que arriba de Colombia, hasta Michoacán quiso extender sus dominios el cártel del Golfo, con su brazo armado, *Los Zetas*. Joaquín *El Chapo* Guzmán, el llamado capo consentido, también buscó espacio en esa entidad y quiso más: ocupó Guerrero y Jalisco. También se asentó en Colima, Nuevo León y penetró fuerte Tamaulipas, donde le declaró la guerra a Osiel Cárdenas, guerra sin tregua, pues se asegura que *El Chapo* aún no se recupera del golpe que Osiel le asestó con el asesinato de Arturo Guzmán Loera, *El Pollo*, muerto a balazos en el interior del penal de La Palma, en diciembre de 2004.

Michoacán —territorio famoso desde los años ochenta, cuando ocurrió el asesinato de Enrique Camarena Salazar, el agente de la DEA que fue encontrado muerto en el rancho El Mostrenco, luego de ser sometido a varias torturas por órdenes de Rafael Caro Quintero y Miguel Ángel Félix Gallardo, a quienes el agente antidrogas investigaba en territorio mexicano— es un punto ideal para la recepción de droga; ésta llega en mayor medida por el puerto de Lázaro Cárdenas, o bien por carretera, pues tiene diversas arterias que conectan a la entidad con cualquier punto del país.

Amo y señor del cártel del Golfo, personaje que emergió de los sótanos de la Policía Judicial Federal —entre cuyos miembros servía como *madrina*—, Osiel Cárdenas surgió en el negocio del narcotráfico al iniciar en Tamaulipas el gobierno de Tomás Yarrington Ruvalcaba, cuyo sexenio fue el más firme manto protector del que haya gozado un capo para emprender la construcción de una organización criminal.

Pieza por pieza, Osiel construyó el cártel y asumió el liderazgo de lo que más tarde fue la segunda generación de ese grupo criminal, cuyos orígenes se remontan a los años 30 y 40, cuando Juan Nepomuceno Guerra sentó las bases de la mafia en esa región del país. Tiempo después heredó el poder a su sobrino, Juan García Ábrego —cuya etapa de bonanza se redujo al sexenio de Carlos Salinas de Gortari— y enseguida surgió el joven Osiel Cárdenas, quien alcanzó la cúspide con base en traiciones y muertes.

Salvo por la detención de Cárdenas Guillén, y la captura de otros operadores de menor rango, la organización del cártel del Golfo se mantuvo intacta en su estructura inicial, reforzada con el soporte armado de *Los Zetas*, que sembró miedo en todo el país. Sin embargo, el cártel del Golfo sufrió crisis interna por el desgaste natural de sus propias piezas. El engranaje debía ser atendido y algunas de sus partes sensibles terminaron desgastadas. Personajes que fueron pilares del grupo criminal acabaron sumidos en el deterioro, ya por la droga, ya por las presiones y acometidas de otras bandas más pujantes, que pretendían acomodarse en algún punto de Tamaulipas o adueñarse del territorio.

El Goyo Sauceda: cuando el poder termina

La historia de Gregorio Sauceda, uno de los hombres de mayor confianza de Osiel Cárdenas, y responsable de las plazas de Reynosa y Matamoros, es un ejemplo de cómo tarde o temprano se llega la hora del relevo. Inexorable, el tiempo no perdona. En otro momento vigoroso y violento, el también llamado *Caramuela* fue vencido por la adicción a la cocaína y tuvo que ser reemplazado de la plaza. Una mente descolocada por la adicción, desquiciada por las emociones distorsionadas, no puede estar al frente de un negocio que, como el narcotráfico, requiere temple y frialdad para tomar decisiones.

Gregorio Sauceda es quizá una de las figuras más importantes del cártel del Golfo. Su salida de la organización marcó historia: es el único narcotraficante que no ha sido relevado a la fuerza; es decir, asesinado o bajo la amenaza de muerte de su jefe. Osiel Cárdenas ordenó que se le dieran las gracias y que se sometiera a un tratamiento para vencer la fuerte adicción a la cocaína, sustancia que no sólo inflamó su cerebro, sino que dislocó sus emociones, hasta convertir sus días y noches en una lucha constante con la ira, y a menudo con la fantasía. Víctima de una ansiedad que no termina —la ansiedad por el polvo blanco—, Sauceda es descrito en los reportes de la DEA como un individuo que ya actúa por impulso. Todo lo perturba, todo le molesta, todo lo irrita.

En ese espíritu agitado no parece haber reposo. La droga ha taladrado todo su interior y las cuerdas emocionales ya no tienen el recubrimiento para contener las descargas. A la menor provocación, en todo su interior parece provocarse un corto circuito. Está demasiado sensible a los embates externos y con frecuencia suele estallar en cólera, con una fuerza volcánica que sólo puede apagarse con alcohol o con varias dosis de droga. Cuando alguna de las dos sustancias entran a su cuerpo y recorren todo su torrente sanguíneo, entonces *El Goyo* puede calmar la fiera que lleva dentro. Sólo así es posible que el narcotraficante logre variar su ánimo, aunque sea por unas cuantas horas, en las cuales queda atrapado en una suerte de círculo vicioso, pues cuando termina el «dulce encanto» de la cocaína, entonces el capo vuelve al ruedo de su agitada intranquilidad, y termina dominado por las garras de una ansiedad contra la cual no surten efecto ni los somníferos. En su buró están regadas decenas de medicamentos para dormir, pero sus efectos son esporádicos. Una ligera somnolencia lo calma pasajeramente, pero al poco rato, brota de nueva cuenta su afiebrada necesidad de droga. Nada lo aquieta, nada lo calma, pues este ser parece que no puede con la vida. Por eso sólo encuentra un poco de sentido fuera de la realidad. No se sabe si Gregorio Sauceda quiere dejar las drogas o vive prisionero de ellas. En los informes policiacos sobre su vida no hay datos sobre el nivel de conciencia y de aceptación sobre el infierno que enfrenta. Si carece de sinceridad sobre sus males, entonces el narcotraficante estaría sumido en la oscuridad, viviendo sólo de los destellos artificiales de la cocaína y en permanente alucinación.

Su trayectoria tiene historia, pues ningún otro capo del narcotráfico ha sido reemplazado con bombo y platillo, como fue la despedida que se le organizó para agasajarlo y decirle adiós: adiós *Don Goyo*. De igual forma, ningún otro narcotraficante ha llegado al poder sin que corra sangre o haya de por medio una traición.

En ese sentido, resulta ejemplar que Amado Carrillo Fuentes, el poderoso capo del cártel de Juárez, llegó al poder en 1993, tras el asesinato de su jefe, Rafael Aguilar Guajardo, acribillado en Cancún, Quintana Roo, cuando se disponía a subir a un yate que lo llevaría a la isla de Cozumel. Desde esa fecha, y hasta su muerte, *El Señor de los Cielos* cargó con la sospecha de haber traicionado a su amigo.

Osiel Cárdenas Guillén alcanzó el liderazgo del cártel del Golfo luego de la caída de Juan García Ábrego, *La Muñeca*, capo de capos en el sexenio presidencial de Carlos Salinas de Gortari. Para arribar al poder, Osiel quitó otro obstáculo: asesinó a Salvador Gómez Herrera, *El Chava*, «porque le hacía sombra», según se registra en la investigación de ese caso a cargo de la PGR. Por ese hecho se ganó el sobrenombre de *El mata amigos*.

Otras reglas, sin embargo, parecen hoy marcar el rumbo de los capos: en un hecho inusual en el mundo de la mafia mexicana, Gregorio Sauceda tuvo que abandonar el campo de batalla como cualquier empleado u obrero que llega al límite de sus fuerzas, después de tantos años de trabajo arduo. Agradecido por sus servicios y la lealtad que le profesó, desde el penal de La Palma —desde donde operaba, de acuerdo a la PGR, su *narcoempresa*— Osiel Cárdenas decidió darle las gracias como directivo del cártel, según se asienta en un informe de la DEA que en octubre de 2006 fue entregado a la Subprocuraduría General de Investigación Especializada en Delincuencia Organizada (SIEDO).

Enfermo de cáncer, el también llamado *Caramuela* dejó de ser útil para el corporativo criminal más poderoso del Golfo de México y lo despidieron en medio de una fiesta organizada por su grupo más cercano, a la que no faltaron policías de Tamaulipas, exagentes federales y viejos conocidos del narcotraficante, según datos confirmados en la PGR.

Organizada al más puro estilo de los narcos, en el festín hubo de todo: alcohol, comida en abundancia, mujeres y, por supuesto, un suculento postre: cocaína de la mejor. Y entre choque de copas y risas femeninas, *Don Goyo* fue despedido después de poco más de diez años de haber estado al frente de las plazas, durante los cuales cometió —según la PGR— decenas de asesinatos, tanto de miembros de su propia organización como de los grupos rivales (entre otros, del cártel de Sinaloa).

Según los antecedentes registrados por la SIEDO, *El Goyo* Sauceda fue «un engrane» importante para el cártel del Golfo, cuando la segunda generación de ese grupo criminal asumió el control a mediados de los noventa, casi al mismo tiempo que el político priista Tomás Yarrington arribaba a la gubernatura de Tamaulipas, según se ha documentado públicamente.

Al tiempo que Yarrington tomaba el control político del estado, Osiel Cárdenas se daba a la tarea de colocar, en cada uno de los municipios de la entidad, y sobre todo en los que se inscriben en la zona conocida como La Frontera Chica, las primeras piezas de la nueva organización. Fue precisamente en esa etapa de construcción y de choques cuando surgió, desafiante, el nombre de Gregorio Sauceda Gamboa, *Don Goyo*, quien supo llegar a tiempo al reparto del territorio: Osiel, el jefe del cártel, le entregó a este operador el control de la organización en Reynosa y Matamoros, dos de las plazas más boyantes del cártel del Golfo y quizá el territorio más codiciado por otros grupos, como el cártel de Sinaloa, cuyo líder, Joaquín *El Chapo* Guzmán, desató duras acometidas para apoderarse de esa zona.

De 1996 a 2004, *El Goyo* Sauceda apuntaló la posición del cártel del Golfo en Reynosa y Tamaulipas, principales enclaves de la organización. Y no sólo frenó temporalmente y con eficacia los embates del *Chapo* y de sus gatilleros, sino que convirtió sus territorios en los verdaderos motores del cártel: por esos tramos fronterizos, los del Golfo cruzaban la mayor parte de sus cargamentos: unas 30 toneladas de cocaína por mes pasaban a Estados Unidos, según la PGR, por esa frontera. Tan amenazante era la presencia del cártel del Golfo en esas fronteras, que la DEA responsabilizó a los del Golfo como los principales causantes de la violencia desatada en territorio estadounidense, pues se asegura que *Los Zetas* también cruzaban al lado americano para ajustar sus cuentas.

Sauceda: el retrato de la DEA

Proveniente de la DEA, el informe analizado por la SIEDO detalla no sólo los pormenores de la ajetreada vida de Gregorio Sauceda, sino que aporta mayores datos sobre la forma en que fue relevado de la organización. Sobre todo asienta que la decisión de reemplazarlo no estuvo exenta de agitaciones y choques al interior del cártel. A pesar de que tuvo una salida decorosa, como ningún otro narcotraficante, pues no fue ejecutado, los rieles del cártel se tensaron al máximo, surgieron choques y algunos roces por la disputa de su puesto. Como en todo cargo superior, el tiempo termina por vencer a quien se aferra al poder. La fuerza incontenible de una nueva generación, quizá más enjundiosa, presiona porque quiere alcanzar las alturas y colocarse en la cúspide. Y esa presión, que tiene su mejor aliado en la fuerza de la naturaleza, no se puede frenar. No hay inteligencia humana que pueda detectar por dónde vendrá el inesperado golpe de ariete que derrocará al dictador. El ejercicio del poder tiene su tiempo y la sabiduría indica el momento exacto para pasar la estafeta. Pero quien se adueña del poder rompe la armonía universal. Y entonces sobreviene el rebote: al mismo tiempo que busca atrapar y hacer suyo el poder, la fuerza natural sacude al intruso que busca prolongar su poderío dentro de un tiempo que ya no le pertenece.

Y es así que las rígidas cuerdas que soportaban el andamiaje de la organización, terminan por romperse, provocando el caos necesario para que luego vuelva a establecerse la armonía. *Don Goyo* era un personaje de la mayor confianza de Osiel. Éste lo trataba con deferencia,

entre otras razones, por la lealtad mostrada con la organización. Sauceda Gamboa tenía un operador eficaz para la venta de drogas en Reynosa. Su nombre: José Guadalupe Rivera Hernández, conocido como
El Gordo Mata, detenido a principios de 2005. Junto a él también operaba su hermano Adán Sauceda, *El Karis*. Todos estaban apoyados por
un ejército de gatilleros: *Los Zetas*.

Sobre las causas del relevo de Sauceda circularon varias historias.
Los únicos datos duros provienen de un informe de la DEA, el cual
asienta con puntualidad: «Según fuentes estadounidenses (consultadas)
existe una disputa interna en el cártel del Golfo. La desavenencia estriba (en) el deseo de Osiel Cárdenas de remover a uno de sus allegados
más importantes». Sobre la vida de Sauceda poco se conocía. El informe mencionado expone una parte de su mundo sórdido, de sus tribu-
laciones y algunos detalles de la soledad que lo oprime, quizá por los
estragos de la cocaína, la droga que más afecta el sistema anímico y trastoca la voluntad humana.

Dice: «Sauceda (a) *El Goyo*, se encarga de las operaciones del cártel en Reynosa y Matamoros…Es un conocido alcohólico y drogadicto que puede estar muriendo de cáncer». Desde el año 2005, la DEA
tenía datos de que los días de Sauceda en el cártel del Golfo estaban
contados: «Sauceda está perdiendo el control del negocio», refiere el
informe elaborado en ese año, el cual se mantuvo celosamente guardado en un archivo de la SIEDO.

Los altos mandos de la DEA, que mantienen informados a los funcionarios de la SIEDO, desde 2005 ya visualizaban quién podría ser el
relevo de Gregorio Sauceda. El documento revela: «El elegido para suplir a Sauceda es un hombre conocido como *Hummer*». Su nombre:
Jaime González Durán. La DEA ya analizó el perfil psicológico de
González. En su informe le indica a la SIEDO: «Su reputación no lo
hace partidario de quien quiere la paz», y detalla otros rasgos de la dua-
lidad que caracteriza su personalidad, aunque quizá el que más influyó
en el jefe del cártel del Golfo, para ganarse su confianza, fue que: «Es
un leal seguidor de Osiel Cárdenas».

En otro apartado, la DEA le informa a la SIEDO cuál es la misión
más importante que desarrollará González Durán en Reynosa y Mata-

moros, según las instrucciones giradas por Osiel. Y todo parece indicar que el cártel del Golfo abandonará la guerra armada (como pasó en Colombia luego de las extradiciones) al menos en su territorio: «Se enfocará en hacer dinero en vez de contar cuerpos para su jefe». Sin mayores detalles, el informe incluye otro dato que revela de dónde proviene el sucesor de Gregorio Sauceda: «(González Durán) es conocido por el ser segundo de a bordo de *Los Zetas*».

Aunque la decisión de relevarlo estaba tomada, esto debido a sus adicciones y a su desordenada vida, la determinación de suplir a otros mandos del cártel del Golfo fue apresurada, en buena medida, por la pérdida de controles dentro de la organización. El encarcelamiento de Osiel primero, y su extradición después, provocaron algunos desórdenes naturales al interior de la *narcoempresa*. Cuando la cabeza desaparece del escenario, como fue el caso, sobreviene el caos. Esto pasó en el Golfo. No es lo mismo dirigir desde la distancia que estar al frente del corporativo, tejiendo alianzas, asesinando rivales y abriendo mercados y rutas. Por la pérdida de ganancias, había molestia entre los altos directivos del cártel, entre ellos Osiel. Algunos miembros y operadores de la organización se empezaron a quejar por la carencia de cosas elementales, como viáticos para penetrar otros territorios. Esto ocurría debido a que, según se ha podido acreditar, mientras *El Goyo* se pasaba el tiempo alcoholizado y drogado, uno de sus subalternos, Carlos Landín Martínez, se estaba enriqueciendo a la sombra de Sauceda. Los excesos en los que incurrió Landín no le fueron perdonados, como a Sauceda los suyos, sobre quien Osiel y otros altos mandos del grupo mostraron bastante indulgencia. Carlos Landín fue ejecutado en octubre de 2006, durante un ajuste de cuentas que tuvo como episodio previo el cierre de cinco casinos en Reynosa, Tamaulipas. Según se sabe, los centros de apuestas pagaban a *Los Zetas* cuotas y derechos para operar con libertad. La propiedad de algunas de las casas de juego se le atribuyen a Jorge Hank, alcalde de Tijuana, y a Manuel Bribiesca: ellos serían dueños de los casinos Sportbook y Mega Jackpost, respectivamente.

Para octubre de 2006, al interior del cártel ya se conocía la decisión sobre el relevo de Sauceda. Pero otros hechos aceleraron su salida. En medio de su locura, disparada por la cocaína, Sauceda quiso hacer una de sus últimas osadías. Con un nutrido equipo de gente armada tomó por asalto los casinos referidos, y entre otros, algunos que habitualmente no eran molestados. Seguramente por el exceso de alcohol y drogas, los gatilleros de Sauceda irrumpieron en los centros Sportbook, Mega Jackpots, Rio Station, Golden Palace y Río Entertainment. Todos estos lugares contaban con sus respectivos permisos de la Secretaría de Gobernación para operar. Otros datos consultados sobre este hecho establecen que la gente de Gregorio Sauceda Gamboa sólo tenía instrucciones de cerrar el casino Río Station, pero en el momento del operativo se fueron contra todos.

Esta acción molestó a Osiel Cárdenas, quien de inmediato dio la orden de remover a Gregorio Sauceda. Tal decisión fue comunicada por el entonces inquilino de La Palma a su gente de Matamoros, desde donde fue retransmitida.

—Llegó tu hora, Goyo. Tienes que irte —le dijeron en varias ocasiones.

El Goyo debía dejar la plaza y no había reconsideración. Se asegura que, perturbado por el poder y la cocaína, Sauceda Gamboa se resistió a dejar el puesto. Envalentonada, su gente lo respaldó. Entonces sobrevino la fuerza: un comando armado encabezado por Flavio Méndez Santiago, *El Amarillo* y Mario Ramírez, *El Pelón*, levantaron a Gregorio Sauceda y a sus lugartenientes. Los llevaron a un lugar secreto, donde Sauceda fue convencido de que su tiempo había terminado.

—Ésta es la última vez que te decimos que debes separarte. Es una orden. No provoques más violencia —fue el mensaje.

Hubo otra advertencia: que se evitara problemas con el jefe (Osiel Cárdenas), quien le tenía en buena estima.

Según datos confirmados en la PGR, Osiel trató de evitar un baño de sangre en Reynosa y que no se «calentara» más la plaza. Ésa habría sido la razón por la que Gregorio Sauceda fue despedido incluso con un gran festín, pues se quiso aparentar que al interior de la organización todo estaba en paz. No era así. El relevo de Sauceda costó varias vidas, pero ninguna autoridad civil ni militar intervino. Tampoco la prensa publicó una sola línea sobre los enfrentamientos. El cártel operó con la prensa de Tamaulipas: fueron amenazados varios reporteros y directores de periódicos locales.

—No publiquen ni una línea —les ordenaron. Y la prensa de Tamaulipas guardó silencio.

Sobre la violencia corrieron varias versiones: que hubo ejecutados y hasta decapitados, cuyos cuerpos fueron incinerados. Oficialmente, la PGR no informó nada al respecto y todo quedó sepultado por el silencio. Lo único cierto es que Gregorio Sauceda fue perdonado y enviado a Matamoros para rehabilitarse por su adicción a la cocaína. Ahora su lucha no es contra sus enemigos, sino consigo mismo, con sus demonios desenfrenados y con las sombras de sus fantasmas. La salida de Sauceda no trastocó la marcha de la organización criminal. De modo inamovible, tal y como los pilares de piedra sostienen las catedrales, el cártel debe mantenerse boyante a pesar de las agitaciones que amenazan su interior.

La Familia: herencia maldita

A finales del 2006, en medio de la turbulencia desatada por la violencia del narcotráfico, emergió en Michoacán el rostro de una herencia maldita: el grupo de narcotraficantes autodenominado públicamente *La Familia* y que la propia PGR identificó como una extensión del cártel del Golfo. En una acción inusual en el narcotráfico, el consejo directivo de *La Familia* anunció su existencia mediante la publicación de cartas y desplegados en los periódicos *La Voz de Michoacán* y *El Sol de Morelia,* donde dieron a conocer no sólo su existencia y sus operaciones en el estado que gobierna Lázaro Cárdenas Batel, sino su filosofía y, paradójicamente, cómo pretendían cuidar la salud de la sociedad michoacana que consume drogas, no obstante que ellos son considerados como parte de una empresa criminal dedicada a la venta de cocaína y varias de sus peligrosas derivaciones.

Los integrantes de *La Familia* aseguraron en sus desplegados que su principal misión era «limpiar a Michoacán de todos los grupos ajenos al estado que generen violencia y envenenan a la sociedad con la venta de hielo», droga que acaba con la vida de los adictos en menos de dos años.

Nadie sabe cuántos miembros conforman *La Familia,* pero se calcula que es numerosa: según datos aportados por el propio jefe de relaciones públicas de esa *narcoempresa,* quien sólo se identificó como *El Tío,* tienen un ejército de 4 mil integrantes, todos diseminados en los 113 municipios del estado, y cada uno de los empleados tiene un sueldo que oscila entre los 1,500 y los 2 mil dólares mensuales.

Poderosa y con amplios alcances empresariales, esta organización criminal eroga sueldos que la proyectan como una empresa criminal en proceso de crecimiento: tiene una nómina de un millón de dólares al mes, buenas relaciones con los cuerpos policiacos del estado y da empleo sólo a nativos del estado de Michoacán.

La aparición de *La Familia* en la escena pública fue un hecho no sólo revelador, sino atractivo desde el punto de vista periodístico. Pocas veces se presenta la oportunidad de charlar con miembros de algún cártel o con algún sicario, por más cartas o mensajes que se les hagan llegar con algún emisario. Pero en aquella ocasión, el jefe de prensa de *La Familia* estuvo dispuesto a charlar con el enviado y el corresponsal de *Proceso* en Michoacán.

Hasta un restaurante italiano de Morelia llegó *El Tío*, como le gusta que le digan al publirrelacionista de lo que también se denomina «La empresa». Chaparrito, gordito, *El Tío* toma asiento en la mesa de los reporteros, pone su bolsa de piel en una silla y se dispone a charlar de la aventura empresarial que representa. Atrás de él hay otra mesa con tres personas: un sujeto alto de piel blanca que porta un arma. Inquieto, siempre está mirando para todas partes y no se cansa de mover la cabeza. El otro permanece serio y frente a éste una mujer discreta no pierde los detalles de la conversación que sostienen *El Tío* y los reporteros.

El Tío pidió un tequila y comenzó a bebérselo con discretos tragos. Poco a poco la copa coñaquera se fue quedando sin líquido y sin buqué. Vestido con un traje verde olivo, el sujeto aquel no dejaba de contestar teléfonos. Los celulares le repicaban por todas partes.

—Si, dígale que lo veo más tarde. No se preocupe —solía responder a las personas que le llamaban.

Luego de colgar, continuó:

—Yo soy el responsable de las relaciones públicas, tengo dos años trabajando para esta empresa y me siento muy satisfecho de la labor que estamos haciendo.

—¿Cuál es su nombre? ¿Se puede saber? —se le pregunta.

—No, por ahora. Me pueden llamar Tío. Así está mejor —dijo soltando una carcajada grotesca.

Tampoco quiso decir quiénes eran sus jefes, pero señaló que su labor es tranquilizar el estado y, satisfecho, comentó que lo estaban logrando.

Durante la charla, el publirrelacionista de esa célula criminal asegura que se está haciendo un gran esfuerzo por erradicar de la entidad a los grupos violentos. E inmediatamente cita a los hermanos Beltrán Leyva y al *Chapo* Guzmán como los principales generadores de las ejecuciones en Michoacán, así como en otros estados del país. Y abre el lado íntimo del grupo criminal: «Nosotros no utilizamos la violencia como instrumento de negociación. Si la utilizamos, entonces tenemos que sostener nuestra empresa por esa vía; nosotros preferimos el diálogo, el acercamiento con la gente, con las autoridades. No tenemos nada en contra del gobierno ni de la policía, al contrario, queremos apoyarlos y llevar una relación de respeto, de acercamiento y de tranquilidad».

Aunque el gobierno de Lázaro Cárdenas ya conocía su existencia desde tiempo atrás, *La Familia* hizo pública su aparición en la recta final del sexenio de Vicente Fox. El grupo criminal surgió y trató de forzar una negociación mediante la violencia. Por esa razón, en Michoacán —tierra natal del presidente Felipe Calderón— se agudizaron los enfrentamientos entre las bandas dedicadas al narcotráfico.

—¿Ustedes dependen del cártel del Golfo? —se le pregunta mientras bebe un trago de tequila Cazadores.

—Sí, pero queremos independizarnos. Ya lo estamos logrando. No tenemos relación con *Los Zetas*, pero tampoco estamos confrontados. Hay respeto mutuo. Nosotros sólo estamos concentrados en Michoacán y es el estado donde nos interesa trabajar y por eso queremos limpiarlo. Nosotros tenemos interés por erradicar de aquí a los grupos ajenos al estado. Este territorio es nuestro porque todos los miembros de la empresa son michoacanos. Por eso nos llamamos *La Familia Michoacana*, porque aquí no hay personas de otros estados. No los queremos y los vamos a echar de nuestra tierra. Queremos que nos dejen trabajar en paz.

El anuncio de su existencia fue sorpresivo. Nunca antes un grupo de narcotraficantes había usado los medios de comunicación para anunciarse como lo hizo *La Familia* en Michoacán. El miércoles 22 de noviembre de 2006, el periódico *Las Voz de Michoacán* publicó en la página 35ª una inserción pagada, cuyo responsable, según la publicación, es Juan Carlos García Conejo. El publirrelacionista de *La Familia* reconoció que ellos habían publicado tal comunicado, a fin de sensibilizar a la sociedad sobre su misión y sus objetivos como empresa. De doce párrafos, el comunicado, sin destinatario aparente, dice en sus partes medulares:

Objetivo:

Seguir manteniendo los valores universales de las personas, a los cuales tienen pleno derecho.

Al erradicar lo que nos hemos propuesto, aunque para esto, desgraciadamente, tegamos que recurrir a estrategias muy fuertes por parte de nosotros (se refieren al uso de la fuerza para eliminar a sus rivales), *pues es la única manera de poner orden en el estado y no vamos a permitir que esto se salga de control de nuevo.*

Apoyar a la gente con despensas, literatura, así como aulas para mejorar la educación de la sociedad; esto dirigido principalmente al área rural, la cual es la más marginada, humillada, sobre todo en la región de Tierra Caliente.

¿Por qué nos formamos?

Cuando empieza esta organización de LA FAMILIA Michoacana, no esperaba que fuera posible llegar a erradicarse el secuestro, asesinato por paga, la estafa y la venta de droga conocida como hielo, pero gracias al gran número de personas que han tenido fe, se está logrando controlar este gran problema en el estado.

La Familia ha logrado grandes avances importantes… Aún no podemos cantar victoria, pero sí podemos decir que el estado ha mejorado en estos problemas en un 80%. Y hemos erradicado el secuestro también en el mismo porcentaje.

En otro de los párrafos, los miembros de *La Familia* señalan que *las personas que trabajan decentemente en cualquier actividad no deben preocuparse. Nosotros las respetamos, pero no permitimos que gente de aquí o de otros estados cometan delitos o quieran controlar otro tipo de actividades.*

La aparición pública de este brazo del cártel del Golfo desató una guerra de comunicados. En otro volante difundido en Michoacán, felicitaron al entonces presidente Vicente Fox Quesada por enviar a las Fuerzas Federales al municipio de Apatzingán, como si las acciones del gobierno hubieran reforzado sus operaciones delictivas en esa entidad. En uno de sus párrafos, el escrito asienta:

Estamos sumamente agradecidos con el gobierno federal, representado por nuestro presidente Vicente Fox, por su acertada y valiosa intervención en el municipio de Apatzingán, habiendo demostrado su valor y amor por nuestro pueblo mandando a las autoridades federales a poner fin a la ola de violencia de-

satada entre bandas de narcotraficantes (opositoras a La Familia, por supuesto), y *provocada también por la ineficacia y el disimulo corrupto de los gobiernos estatal y municipal de origen perredista.*

En el comunicado, miembros del cártel de Sinaloa, representado por Joaquín *El Chapo* Guzmán, también llamado *El capo consentido,* le dan las gracias al presidente por haber desarticulado a un grupo del cártel del Golfo encabezado —según el narcocomunicado— por Jesús Méndez Vargas, *El Chango* o *El Chamula*; sus hermanos Francisco, José Godofredo y Juan Antonio; Anazario Moreno González, *El Chayo*; Nicandro Barrera, *El Nica,* así como los ejecutores y cobradores de cuota Antonio Arcos Martínez, Alberto Espinoza Loya, Sergio Estrada Hernández, quienes apoyados por *Los Zetas* y la Policía Municipal son los responsables de los múltiples secuestros, levantones, desapariciones, matanzas, cobro de cuotas, extorsiones y asesinatos no sólo de narcotraficantes, sino también de personas honestas y respetadas de la región.

En dicho comunicado, los miembros del cártel de Sinaloa aseguran que el gobierno perredista de Michoacán tiene compromisos con el cártel del Golfo y «están arreglados» con Carlos Rosales, ex socio de los hermanos Valencia Cornelio y ex operador de Osiel Cárdenas en Michoacán. Actualmente, Rosales está preso en La Palma.

Los sicarios de Joaquín Guzmán Loera finalizan su comunicado con esta petición para el todavía presidente Fox:

...Reconocemos que con la detención e investigación de los elementos policiacos municipales (se refiere a los policías detenidos en agosto de 2006 en Apatzingán) *que se encontraban involucrados, se ha dado un gran paso para la resolución de este problema, pero aún faltan los grandes, no nos deje a medias, señor presidente, se lo pedimos los michoacanos y se lo pide México.*

El Tío sigue degustando su tequila Cazadores y respondiendo llamadas telefónicas. Luego de guardar uno de sus teléfonos celulares, prosigue la charla y aporta mayores datos sobre las operaciones de la empresa, los fundamentos que la rigen y cómo operan sus miembros (con información de la Sedena y de la SIEDO, más adelante se sabría que *La Familia Michoacana* también está presente en Guerrero y Jalisco).

Dice el vocero:

«Cada uno de los miembros de *La Familia* sabe cuál es su función

55

y en qué no debe meterse. Estamos en contra de la estafa, de los secuestros, de los asesinatos... En algunos casos lamentablemente se ha
tenido que recurrir a la muerte para erradicar a los grupos que pretenden desestabilizar el estado. En Apatzingán y Lázaro Cárdenas tuvimos
problemas muy fuertes, debido a que algunos miembros de la empresa
abusaron del poder que se les otorgó. Se les da un poder, pero no es
para abusar y ellos abusaron de la confianza y de ese poder. Nos provocaron problemas serios. Hablamos con ellos en tres ocasiones y no
nos hicieron caso. Tuvimos que actuar y erradicarlos».

—¿Ustedes castigan a los miembros de la empresa si cometen
errores?

—Sí

—¿Cómo los castigan?

—Quienes incurren en errores y fallas, se les amarra por un largo
periodo. Si la falta es grave, se le tortura y si hay pérdida de confianza
y traición, entonces tiene que morir. Ésta es la medida más fuerte, a la
que no queremos llegar, pero muchas veces se tiene que actuar para
preservar a la empresa.

A todos los miembros de *La Familia* se les imparte adoctrinamien-
to religioso para evitar traiciones y fallas. Para ello, se les obsequia una
Biblia, se les sensibiliza en que tienen que ser obedientes y no perder
los valores como personas. Con frecuencia hay reuniones con ellos en
las que, además, les orientan y de esa forma limitan la posibilidad de
que cometan errores y se ponga en riesgo la buena marcha de la empresa criminal.

El 21 de noviembre de 2006, *La Familia* distribuyó otros comunicados en varios municipios de Michoacán. En uno de ellos se incluyen
datos sobre su origen. La publicación inicia con varias preguntas que,
más adelante, van respondiendo.

*¿Quiénes somos? Misión, Objetivo, ¿Por qué nos formamos? Para Re-
flexionar.*

En el apartado titulado Misión, la empresa criminal expone un discurso que, en la práctica, se contrapone con su principal actividad: la
venta de drogas. Se afirma que pretenden erradicar de Michoacán actividades como el secuestro, la extorsión y los asesinatos por paga, cuya

práctica atribuye al cártel del Milenio y a algunos miembros de la familia Valencia, a quienes la PGR identifica como cabecillas de esa organización delictiva.

Y en otro párrafo expresan: «Nuestra única razón es que amamos a nuestro estado y ya no estamos dispuestos a que la dignidad del pueblo sea atropellada. Quizá en este momento la gente no nos entienda, pero sabemos que la región más afectada nos entiende. Y es posible combatir a estos delincuentes aquí en Michoacán, los cuales fueron establecidos por gente de Jalisco, Sinaloa, Colima y Guerrero, a los cuales no dejaremos que entren a nuestro estado a seguir delinquiendo».

Como es evidente, en Michoacán hay una guerra por el mercado de las drogas. Aunque los miembros de La Familia se dedican a la distribución de cocaína, según datos de la PGR, también están preocupados por que la sociedad consumidora de estupefacientes no sea «envenenada» con otras sustancias nocivas. Ésta es la expresión más clara del pensamiento contradictorio de una organización criminal que utiliza la fuerza y las armas, como parte de una estrategia de guerra, por mantener su hegemonía en el mercado a toda costa:

«Se está erradicando en su totalidad en todo el estado de Michoacán la venta al menudeo de la droga letal conocida como *Ice* o *hielo*, por ser una de las peores drogas que están haciendo daños irreversibles en la sociedad michoacana y se va a prohibir la venta de vino adulterado que, se comenta, viene de Tepito, y sabemos que lo que viene de ahí es de mala calidad».

Según datos de la SIEDO y de la Procuraduría de Justicia del estado, en Michoacán operan unas 16 mil «tienditas» que venden cocaína. Tan sólo en la ciudad de Morelia la venta al menudeo de coca está a cargo de unos 1,500 puntos de venta.

El jefe de relaciones públicas de *La Familia*, quien dijo tener dos años de trabajar para «la empresa», reconoce que no están opuestos a que otros grupos entren a Michoacán a trabajar bajo los principios de *La Familia*. Por esas concesiones —dice *El Tío*— les cobran 300 dólares por cada kilo de cocaína que distribuyen. De acuerdo con datos de la PGR, en Michoacán se consumen todos los días 16 kilos de coca, lo que arroja una ganancia de poco más de 4 millones de pesos diarios.

Matar en el nombre de Dios

Los miembros de *La Familia* operan bajo una creencia religiosa que los convierte en personas contradictorias. Venden drogas y asesinan, pero dicen tener una profunda fe en Dios, según queda acreditado en varios pensamientos y reflexiones que forman parte de los fundamentos espirituales en los que se refugian para aliviar las culpas que a menudo cargan.

El jefe de relaciones públicas de lo que también se conoce como «la empresa» dice que muchas de las reflexiones espirituales que sustentan sus actividades fueron extraídas de la Biblia —libro sagrado que leen con frecuencia— y otras son producto de la propia fe en Dios que sienten los miembros de *La Familia*. Y es que al mismo tiempo que distribuyen droga y hasta pueden cometer asesinatos, también suelen refugiarse en Dios como ellos lo conciben.

Éstos son los *narcopensamientos* de *La Familia*:

Le pedí a Dios fuerzas y me dio dificultades para hacerme más fuerte.
Pedí sabiduría y me dio problemas para resolver.
Pedí prosperidad y me dio cerebro y músculo para trabajar.
Pedí valor y me dio obstáculos para superar.
Yo no recibí nada de lo que pedí, pero he recibido todo lo que necesitaba.
El loco

Otra reflexión del manual espiritual de *La Familia*, sucursal del cártel del Golfo, reza así:

Vive la vida sin miedo, enfrenta todos los obstáculos y demuestra que puedes superarlos.

Y no veas los obstáculos como problemas, al contrario, acéptalos y descubre en ellos la oportunidad de superarte y enfrentarlos con valentía.

Trata de ser el que nunca se da por vencido, el que siempre da un paso adelante.

El loco

Siembra en tu alma la semilla de la felicidad haciendo felices a otros y reparte con gusto algo de lo que tienes para que tu felicidad se multiplique con lo que les compartes y alcances y reciben algo con amor y generosidad.

El más loco

Si quieres hacer feliz a alguien díselo hoy y sé con él.

Si deseas decir te quiero al que te rodea y al amigo díselo hoy.

Y tú serás más feliz si aprendes a hacer más felices a los que conozcas, pero eso sí: tiene que ser en vida, no esperes que mueran para demostrárselo.

El más loco

Si algún día sientes ganas, muchas ganas de llorar, háblame.

No prometo hacerte reír, pero puedo llorar contigo.

Si algún día (te) sientes triste, búscame,

no prometo alegrarte el día, mas puedo estar contigo.

Si algún día quieres contar con alguien, ven corriendo a mí

que tal vez yo te pueda escuchar mi amigo.

El más loco

La batalla contra el pecado se gana o se pierde en la mente. Cualquier cosa que atrape tu atención, te atrapa a ti.

El más loco

El éxito en la vida no se mide por lo que has logrado, sino por los obstáculos que has tenido que enfrentar en el camino. Y aunque el camino sea largo y difícil, no te dejes vencer... Si eres constante, tus sueños y anhelos pueden convertirse en realidad.

Ánimo.

El más loco

Levanta la vista y con la mirada puesta en Dios, has el bien, que es el camino a tu felicidad y la de quienes la reciben y siempre tendrás felicidad eterna.

El más loco

HERENCIA MALDITA

Hacer un amigo es una gracia
Tener un amigo es un don
Conservar un amigo es una virtud
Y ser un amigo es un honor
    El más loco

¿Qué es la amistad?
Es una puerta que se abre
Una mano extendida
Una sonrisa que te alienta
Una mirada que te comprende
Una lágrima que se une a tu dolor
Una palabra que te anima
Una crítica que te mejora
Es un abrazo de perdón
Un aplauso que te estimula
Un favor sin recompensa
Y un dar sin exigir
El más loco

No es más rico quien más dinero tiene,
sino el que menos necesita
(En) buena medida es bueno defender
la dignidad pero también no pisotear
la de los demás porque en la medida
    que respetemos a los demás, de esa forma
    nos estaremos respetando a nosotros mismos.
    El más loco

Si el éxito de tus conocidos no te roba el sueño
Ni te causa envidia;
Si su felicidad también a ti te hace feliz,
Si su alegría también te alegra, ten por seguro que
    Ya perteneces al reino de los exitosos, los bendecidos,
Los elegidos y por siempre grandiosos en amor y paz interior.
    El más loco

Tijuana: el paraíso de Hank Rhon

La tercera guerra mundial es la que los países del orbe libran contra el narcotráfico o cualquier otra modalidad del crimen organizado. Y algunas naciones, entre ellas México, van perdiendo la batalla, ya por complicidad, ya por incapacidad. Dotado de poder, sobre todo de poder corruptor, y con múltiples rostros, el narcotráfico ha taladrado no sólo la esfera poderosa de la política mexicana, sino que se ha instalado, sutilmente y en ocasiones con fuerza avasallante, en la conciencia de la sociedad.

El imaginario colectivo, atraído por las historias de los narcotraficantes, cree que estos personajes confabulan en secreto con el poder presidencial, se ponen de acuerdo para proteger los cargamentos y disponen de todas las facilidades para no frenar el flujo de droga que debe llegar a Estados Unidos y que forzosamente tiene que pasar, con seguridad garantizada, por el territorio nacional.

Multiplicado por todas partes, como un brote de epidemia, el llamado *narcomenudeo* es una red que pone trampas y que atrapa nuevos clientes a cada instante, como se capturan aves en cualquier sitio público. En la mente humana, con sus recónditos confines, parece imposible poner freno a la capacidad de imaginar cuantas formas existen para llevar la droga hasta las manos del consumidor. Hay tantos vendedores de drogas como espíritus en las capas celestes. Todos salen a las calles a surtir a sus clientes cautivos, dependientes drogadictos atrapados en la contradicción de la vida y de la muerte. El sufrimiento los desgarra y el drama, con su mejor aliado, el miedo, mantiene paralizados a miles

61

de jóvenes y niños con el anestésico que nunca termina de saciarlos. Están atrapados en un círculo vicioso. Entre los adictos a la cocaína o a cualquier otra droga, el dolor es aún más profundo porque no hay valor para morir, pero tampoco para vivir.

Todos los días los adictos mueren un poco. En las más de 500 colonias populares de Tijuana, Baja California, no hay forma de matar a la muerte. La vida de los consumidores se apaga y se enciende según la cantidad de *Crack* o *Ice* (hielo) que consumen. Cuando fuman o inhalan el estimulante, sobreviene la fantasía, según dan cuenta los propios adictos. El mundo les parece accesible. Momentos después, al desaparecer en su cuerpo el efecto, la realidad les pesa más sobre sus hombros; y de nueva cuenta hay que aligerar la carga. Entre esa población, quizá la más pobre del estado, falta todo: alimento, vivienda, ropa, educación, pero no falta la cocaína o cualquier otra derivación de ese alcaloide. Las formas de conseguir dinero para abastecerse son variadas; sin embargo, el asalto, el robo, son las prácticas más socorridas. Desesperados por controlar su ansiedad, la población adicta, que se calcula en unos 120 mil —la mayoría niños y adolescentes—, empezaron saquear la infraestructura de la Comisión Federal de Electricidad y de la Comisión Municipal del Agua. De noche o de día, se les puede ver cortando el cable de cobre tendido en las calles o bien levantando las alcantarillas, forjadas con el mismo metal, para llevarlo a vender a las empresas recicladoras. El dinero obtenido tiene un destino: la compra de drogas. Las denuncias por esta práctica «carroñera», como peyorativamente la denominan, estiman que, en los últimos cinco años, la CFE ha sufrido la pérdida de varios kilómetros del tendido eléctrico por el constante robo de ese material.

Pero en Tijuana el drama por el consumo de drogas es todavía mayor. Observador pertinaz y crítico, Víctor Clarck Alfaro, director del Centro Binacional de Derechos Humanos Fronterizos, no tiene dudas cuando afirma que en esa ciudad fronteriza el narcotráfico vive su etapa más boyante de la historia reciente.

Con base en los informes que dispone y en múltiples análisis de la realidad social, Clarck explica, por ejemplo, que la razón por la que el cártel de Tijuana se mantiene en la cúspide y en constante crecimiento dentro y fuera de México se debe a la histórica lealtad que mantiene la policía con las cabezas de esa organización criminal.

Desde hace tres décadas, la policía de Tijuana sirve a los intereses del narcotráfico. Primero cuidaban las operaciones de los Arellano. Ahora, con la presencia cada vez más fuerte del cártel de Juárez y de Sinaloa, los agentes están divididos: unos sirven al grupo local y otros a sus rivales. Esto trajo como consecuencia los ajustes de cuentas y una avasallante violencia que actualmente está centrada en los cuerpos de seguridad, entre cuyos miembros priva el encono y las disputas por el negocio de la protección.

Sobre los nexos de la policía municipal de Tijuana hay una historia reveladora. A principios de 2006, el narcotraficante Iván de Jesús Rodríguez Martínez y su cómplice, Eduardo Moreno Gutiérrez, fueron detenidos por el Ejército. Como ocurre en todo el país, se les acusó de participar en varios secuestros, «levantones» y desapariciones. En su declaración ministerial —Averiguación Previa PGR/SIEDO/UEIS/053/2006— Rodríguez Martínez soltó la metralla. Dijo: «Que el cártel (se refiere al de Tijuana) tiene comprados a varios miembros de la Policía Municipal». Y mencionó algunos nombres: «Mónica Radilla, los comandantes Abasolo y Moreno» y otro más al que sólo identificó con «la clave 0-15».

Con base en ese testimonio, la PGR amplió el espectro de la investigación y detectó que un número mayor de policías estaban al servicio de los narcotraficantes, entre ellos, Julio César Abasolo Pierce y Mónica Ramírez. Ella fue jefa del distrito Cerro Colorado de Tijuana. Estuvo bajo las órdenes de Ernesto Santillana —personaje con una larga y turbia historia, según se ha documentado públicamente—, exdirector de Seguridad Pública de Tijuana y actual subprocurador de Justicia en Nezahualcóyotl, Estado de México, uno de los territorios clave en la ruta de trasiego que sigue el cártel de la familia Arellano Félix.

Meses previos al escándalo, Mónica Ramírez fue premiada. Por labor impoluta y su valentía, le otorgaron la medalla al mérito y 25 mil pesos como estímulo a su trayectoria profesional. Pero pronto vino el revés. La acusación por sus ligas con el narcotráfico fue contundente y del reconocimiento público la agente fue encarcelada en La Mesa bajo las acusaciones de narcotráfico y lavado de dinero.

La podredumbre policiaca continuó saliendo a flote. El conflicto de intereses al interior de la policía por el negocio de la protección alcanzó su clímax, semanas después, con la desaparición de tres policías y un civil: el subcomandante Ismael Arellano, el escolta Benjamín Ventura, Jesús Hernández y Fernando Ávila. Horas después, sus cabezas aparecieron tiradas en un paraje. Las necropsias revelan que los agentes primero fueron asesinados y luego, con frialdad criminal, los degollaron con un cúter. La SIEDO, que sigue este caso, atribuyó las decapitaciones al narcotraficante Arturo Villarreal, *El Nalgón*, lugarteniente de Francisco Javier Arellano Félix, *El Tigrillo*. Ambos, ahora, están presos en Estados Unidos.

Grupo hegemónico y poderoso, el cártel de Tijuana empieza a tener competencia en su territorio —Tijuana— quizá la plaza más sellada por ese grupo criminal, al grado de haber sido, durante varios años, casi impenetrable para otros grupos. Clarck Alfaro dice que las acometidas contra los altos jefes policiacos provienen de los grupos contrarios a la familia Arellano, como Joaquín *El Chapo* Guzmán, por citar a uno de los más importantes capos de México, cuya organización —el cártel de Sinaloa— supo detectar que en la protección policiaca radica el poder del cártel de Tijuana y, por esa razón, los altos mandos policiacos están siendo asesinados.

Una muerte lenta

Jorge Hank Rhon, el hijo más excéntrico del profesor Carlos Hank González, solía escuchar los sabios consejos de su padre, el político mexiquense que supo combinar, como nadie, el difícil arte de la política con los negocios. «Todo lo que esté a tu alcance hacer, hazlo y no te detengas», le decía.

Siguiendo esa máxima de su progenitor, Hank Rhon dice que ha tenido éxito y, al igual que su padre, el alcalde de Tijuana y precandidato a la gubernatura de Baja California vive atado a los grilletes del dinero y del poder.

Jorge Hank, protagonista de escándalos, que suele presumir su riqueza y sus excesos como dotes humanos, se come la vida a tarascadas, como un suculento platillo que no termina de saciarlo. Y siempre quiere más. El espíritu de este acaudalado empresario del juego, que ha multiplicado su fortuna gracias a los golpes del azar, no parece conocer el reposo si de aumentar su fortuna se trata. Siempre tiene hambre de éxito, de poder, de logros, de fortuna, de notoriedad, de reconocimiento, de aplausos… Para Jorge Hank el placer es fugaz y cuando logra un objetivo, de inmediato, como impulsado por un resorte, está buscando más satisfactores.

Fanfarrón, Hank Rhon se ha ganado el rechazo de cierta parte de la sociedad. Un día terminó vapuleado por las mujeres, cuando dijo que la mujer es su animal favorito.

—¿Por qué ha sido tan cuestionado, tan criticado y por momentos tan rechazado? —se le pregunta al bonachón alcalde de Tijuana.

Y con una sonrisa cínica en los labios, Hank respode: «Es por mi forma se ser. Yo no soy culpable de tener 300 pares de botas de piel, así me gusta vivir». Dotado de una virilidad que le ha permitido, «con la gracia de Dios», tener 22 hijos, Hank Rhon no está conforme con lo que la naturaleza le ha dado y asegura que aumentará su prole. Se justifica: «Así me gusta vivir y tengo la conciencia tranquila».

Jorge Hank tiene 22 años de radicar en Tijuana, manejando negocios de todo tipo. Tiene un hotel, el hipódromo Agua Caliente y varios negocios de apuestas en veintidós países del mundo. En Tijuana, Hank también tiene una bien ganada fama de asesino y narcotraficante; también le han llamado públicamente lavador de dinero y «figura emblemática» del cártel de Tijuana. Pero al hijo del profesor Hank Rhon no parece incomodarle este pasado turbulento, pues afirma convencido: «Me han acusado de todo y no me han podido comprobar nada. Nada más falta que me investiguen el tipo de sangre que tengo». Y añade, convencido: «Yo siempre he dicho que el día que me comprueben algo, yo estoy a las órdenes de las autoridades, pero no se vale hablar sin bases y calumniar».

Cuando Jorge Hank Rhon decidió contender por la alcaldía de Tijuana, tuvo que abandonar su vida de encierro y salir a los reflectores, de los que siempre huyó. Se dejó crecer la barba y la melena. Luego se la cortó y solía lucir afeitado y bien acicalado. Ahora que de nueva cuenta anda en campaña, la barba y la melena volvieron a crecer como un símbolo de buena suerte. Hank es un hombre misterioso y plagado de mitos. Diversas publicaciones han referido que suele tomar un tequila especial. En grandes licoreras deposita las criadillas de algún tigre. Y luego suele beber el producto del agave como aperitivo. Según las creencias de este ritual, quien consume ese tequila adquiere la inteligencia, la ternura y la fuerza y ferocidad del felino.

En plena campaña por la presidencia municipal de Tijuana, Hank Rhon prometió cambiarle el rostro a esa ciudad llena de turbulencia y de asesinatos. Dijo que atacaría el tráfico de drogas, que exterminaría la violencia del narcotráfico y que convertiría a Tijuana en una réplica de San Diego, California.

A punto de concluir su gestión como alcalde y en abierta campaña por la gubernatura del estado, en Tijuana la realidad del *narcomenu-deo* y del consumo de drogas es aún más cruda. Según los informes del Centro Binacional de Derechos Humanos, Tijuana vive algo así como el *boom* de las drogas sintéticas. Por ello se multiplicó, como sucursales de grandes supermercados, el número de «tienditas» y los famosos «picaderos». En un mercado ilícito no hay estadísticas, pero se calcula que en Tijuana operan unos veinte tendajones en cada una de las 300 colonias que integran el municipio fronterizo. Como una plaga imparable, al mismo tiempo creció el número de adictos. Se estima que en la demarcación gobernada por Jorge Hank Rhon unas 120 mil personas consumen cocaína, heroína y en mayor medida *Cristal* y *Ice*. Esto último se constata, según afirma Clarck Alfaro, por el incremento de los centros de rehabilitación, cuya función es salvar vidas humanas, pero los esfuerzos son insuficientes para rescatar a las personas atrapadas por las adicciones.

En el complejo entramado del narcotráfico y los componentes de su estructura, el acelerado aumento de la venta de drogas a granel sacó a flote uno de los motores que, en buena medida, lo impulsan: la proliferación de farmacias. Según datos oficiales, la ciudad de Tijuana tiene 1.4 millones de habitantes, aproximadamente, para cuyo abasto de medicamentos serían suficientes unas 400 farmacias. Pero resulta que, con el aumento de la venta de *Cristal* y del famoso «hielo», se disparó el número de farmacias en el municipio: actualmente hay mil 400 droguerías. Tan sólo en la avenida Revolución, por ejemplo, operan 35 farmacias.

Autorizadas por el gobierno que encabeza el panista Eugenio Elorduy Walter, la apertura de farmacias no responde tanto a la demanda de medicamentos como al negocio del narcotráfico. Son parte de un eslabón clave en la cadena del *narcomenudeo*, pues son las que venden, sin ninguna restricción, los químicos que se utilizan para «cocinar» las drogas sintéticas; entre otros, los llamados antigripales como *Lucifer, Actifet* y *Efedrín*.

Éstas son las bases de las drogas que están de moda en todo el país, por su bajo costo de producción y su alto poder adictivo. Los cárteles del narcotráfico encontraron en esta suerte de mercado desorganizado de las drogas, que se multiplica como vendedores ambulantes, una fuente multimillonaria de ingresos. Y es que su preparación es rudimentaria. Las pastillas se colocan en una cazuela con acetona y así se extrae la metanfetamina. Luego siguen otros procesos más refinados para producir *Cristal* y *Ice*, drogas que se venden a granel, «en forma de globito», y que en el mercado de consumo se pueden conseguir en treinta, cincuenta y hasta en ochenta pesos la dosis.

Según las experiencias de los adictos, el efecto que producen esas drogas es altamente destructor: luego de que el polvo blanco es inhalado o fumado, el adicto entra en una fase de alucinaciones. Su comportamiento se transforma y predomina la ansiedad por seguir consumiendo. «Es un círculo vicioso y mortal», dice Clarck.

Estas drogas tienen atrapado a un amplio sector de la población tijuanense de todos los niveles. Niños y adolescentes son los más vulnerables. Diseminados por todas partes, los vendedores conforman una de las estructuras menos controladas dentro de la gran pirámide criminal. Por ello sus miembros son más peligrosos. La disputa por el control de pequeños territorios —una calle, una cuadra o un barrio— ha provocado enfrentamientos y muertes. «Estos distribuidores de drogas suelen imitar a los grandes capos, sobre todo en la forma de ajustar sus cuentas», dice Clarck.

Fuente de ingresos y de corrupción, el veneno que venden las *narcotienditas* tiene una muy bien organizada protección policiaca. Es la policía, con sus múltiples intereses, la que hace posible que el polvo blanco circule por todas partes y los adictos, con su drama a cuestas y su oscuridad interior, vayan a su encuentro. El Centro Binacional de Derechos Humanos ha medido de qué nivel es el blindaje del que goza el narcotráfico. Esa organización registra decenas de quejas y denuncias de la gente. Con la frustración en el rostro, han acudido ante el protector de los derechos humanos para protestar por la venta de drogas en sus colonias El grito social, sin embargo, se estrella en la impunidad y en el silencio oficial. Clarck Alfaro narra un hecho del que fue testigo: «Hay un caso que revela el tamaño de la corrupción. Una persona vino a mi oficina y se quejó de los disturbios que provocan los vendedores de droga y los adictos en una colonia de Tijuana. Pero en lugar de que los policías atendieran la queja social, azuzaron a los distribuidores y terminaron amenazando al denunciante».

Clarck Alfaro, quien ha denunciado dentro y fuera de México las complicidades de la policía de Tijuana con el narcotráfico, atrapa otro dramático pedazo de realidad:

«Aquí en Tijuana hay 109 centros de rehabilitación, pero no tienen capacidad para atender a tanta gente. Unas 120 mil personas de todas las edades están atrapadas por las drogas, sujetas sus vidas a los grilletes del esporádico y enfermizo placer que les provoca el efecto del polvo blanco. El 80% de ellos consumen *Cristal*. La droga les destroza el cerebro y los convierte, en corto tiempo, en seres violentos, despiadados y sin voluntad. No pueden vivir sin el consumo y, para obtener dinero, llegan a grados extremos, como robarse las alcantarillas para venderlas a las recicladotas y obtener dinero para comprar drogas. A la Comisión Federal de Electricidad le han robado, en poco tiempo, cerca de 120 kilómetros de cable de cobre. Poco a poco, han carcomido ese tendido que atraviesa por las colonias, causando daños cuantiosos en el suministro del fluido eléctrico.

»Los adictos tienen entre 11 y 45 años. Muchos están trastornados y creo que esta gente enferma es la mano de obra barata que alquilan los cárteles para asesinar a sus rivales. Por eso hay tanta violencia. El vacío que dejó la tortura lo sustituyó la ejecución. Asesinan por dinero. Matan y "encajuelan" a sus víctimas. También decapitan, igual que lo hacen los grandes sicarios del narcotráfico. El drama de la muerte prolifera en todo Baja California. En Tecate hubo un caso espeluznante: asesinaron a una persona por problemas de drogas. Lo mutilaron y aventaron los pedazos de su cuerpo a los leones de un zoológico. No es todo. Otra práctica común entre las bandas es congelar a sus muertos en potentes frigoríficos. Falta más. Si los quieren desaparecer, meten los cuerpos en máquinas trituradoras de carne. Así se hace lo que comúnmente se conoce como *El pozole*.

»La sociedad está muy desesperada, México Seguro (el programa emergente implementado por Vicente Fox) fracasó. Fue efímero, transitorio y espectacular. Los operativos del presidente Calderón son vistos con incredulidad y hasta con preocupación. Lo que no sabemos es qué va hacer con la Policía Municipal, es decir, con los enemigos. Deberían operar sin su apoyo. Nunca van a romper esos veinte años de lealtades con el cártel. El presidente incurrió en un error: les avisaron que venían y los agentes de aquí alertan a sus protegidos. El estado sigue sin protección policiaca federal. Sólo hay 112 agentes de la AFI y no son suficientes para frenar el narcotráfico.»

La tesis de Víctor Clarck encuentra sustento en la realidad. El drama de Tijuana es, al mismo tiempo, el de todo México. El cártel de Tijuana ahora no sólo compite en el tráfico de cocaína y marihuana a gran escala: desde los años noventa la familia Arellano Félix realizó operaciones exitosas con la venta de drogas sintéticas, *Ice* (hielo) y *Cristal*, principalmente, dos de las drogas más adictivas que circulan en el mercado de consumo.

El Tigrillo: la captura misteriosa

Impotente para derrotar al narcotráfico en el campo de batalla, el gobierno de Vicente Fox se propuso cerrar los espacios legales que favorecían a los narcotraficantes, sobre todo en materia de extradiciones, pues la mayoría de ellos parecían tener la tranquilidad de que jamás serían entregados a la justicia de los Estados Unidos. Entre otros candados legales que frenaban las extradiciones, se suprimió el que consistía en que éstas no se podían llevar a cabo al considerarse que la cadena perpetua es pena inusitada. Sólo se mantiene la pena de muerte como impedimento para autorizar una extradición.

Muchos habían tramitado amparos, otros estaban muy tranquilos en las prisiones federales, operando sus negocios, ya que aún tenían por delante varios años: los que duraran sus juicios y sentencias en México. Al terminar de compurgar sus penas, varias décadas después, entonces comenzarían a preocuparse y a ocuparse por hacer algo que frenara la extradición.

Pero el gobierno de Vicente Fox, en estrecha colaboración con la Suprema Corte de Justicia de la Nación —cuyos ministros se ciñeron al criterio político que entonces favorecía al régimen—, cerró los caminos: y así se dio paso, velozmente, a las extradiciones, para que Fox cumpliera los compromisos adquiridos con el gobierno de Estados Unidos.

En aras de complacer las exigencias norteamericanas, y a fin de sacudirse las presiones de la DEA, el gobierno de Fox maniobró incluso al margen de la ley, para enviar al otro lado de la frontera a los personajes más importantes del narcotráfico en México. Antes de terminar su mandato, el gobierno foxista quedó empañado por la duda generada tras la detención de Francisco Javier Arellano Félix, *El Tigrillo*, cuya aprehensión no fue aclarada satisfactoriamente ni por la DEA ni por el gobierno mexicano.

Durante el sexenio de Vicente Fox, el cártel de Tijuana fue quizás el más golpeado, junto con el del Golfo. Sin embargo, la caída de Osiel Cárdenas y de los hermanos Arellano Félix no mermaron las operaciones de las dos organizaciones criminales, por el contrario: se mantuvieron boyantes durante todo ese sexenio. Ambos cárteles lograron sobrevivir a los embates del poder y de sus enemigos, pues fortalecieron sus alianzas con la policía, que se convirtió en su principal cerco de seguridad; en Tijuana, bajo el gobierno municipal de Jorge Hank Rhon (considerado por la PGR como un obstáculo en las investigaciones de esa dependencia). Contra el hijo del profesor Hank González circula el rumor, desde hace varios años, de una presunta complicidad con el cártel de Tijuana. Siempre se le miró como un alto mafioso vinculado a la estructura de lavado de dinero de esa organización criminal, pero nunca se le pudo demostrar nada. Incluso, el propio Hank Rhon ha dicho, en tono fanfarrón: «Que me prueben algo».

En una ocasión, el entonces titular de la SIEDO, José Luis Santiago Vasconcelos, abordó un tema escabroso: el significado de Hank Rhon para el cártel de Tijuana o viceversa. El fiscal antidrogas de la PGR dijo, en aquella ocasión, que Jorge Hank Rhon era una figura emblemática, necesaria para el cártel. Intocable por eso: por ser emblemática. De esa forma, Vasconcelos descubrió qué forma tiene la figura de Hank Rhon en el esquema macrocriminal del cártel de Tijuana y, con su explicación, parece quitar el velo a esa pieza del rompecabezas para mostrar cómo encaja, con sorprendente precisión, en el lugar exacto.

Poderoso en tiempos de Carlos Salinas, en cuyo sexenio se le protegió, en los dos sexenios siguientes el cártel de Tijuana tuvo que enfrentar los embates del poder político y de sus rivales. La familia Arellano Félix perdió, en distintos momentos, a cuatro de sus miembros: Francisco Rafael fue extraditado, tras diez años de encarcelamiento;

Benjamín cayó prisionero en abril de 2002; Ramón murió asesinado en pleno carnaval de Mazatlán y Francisco Javier Arellano, *El Tigrillo*, fue aprehendido en condiciones muy extrañas y hasta ahora no aclaradas por el gobierno federal. Preso en una cárcel de Estados Unidos, Francisco Javier espera, inquieto, que se le dicte una sentencia crucial: la pena de muerte.

Famoso por ser el heredero del imperio criminal que dejaron Benjamín y Ramón Arellano, Francisco Javier Arellano no tenía un liderazgo dentro del cártel más poderoso de México. Más bien era una pieza que a menudo le ocasionaba problemas a sus hermanos, pues con frecuencia protagonizaba escándalos en Tijuana o en otras ciudades de Baja California, adonde solía ir para disfrutar del dinero obtenido del narcotráfico.

Se la pasaba viajando por Europa o Estados Unidos. El tiempo que pasaba en Tijuana siempre se le veía protegido por miembros de la Policía estatal o municipal —sus principales aliados— quienes servían a los intereses del cártel. Y es que los Arellano Félix alcanzaron la cúspide del poder precisamente por las complicidades que tejieron con las corporaciones policiacas, cuyos altos mandos no sólo les proporcionaban seguridad, sino también información. Esta relación duró muchos años, casi tres décadas, de tal suerte que la policía municipal de Tijuana arrastra, hasta la fecha, parte de esos viejos lastres. Algunos agentes terminaron sirviendo al cártel como gatilleros, otros más cumplían doble función: trabajaban como policías y al mismo tiempo eran gatilleros a sueldo. No tenían sueldo fijo. Les pagaban por trabajo realizado, a destajo, como quien dice. Finalmente el cártel terminó por darlos de baja al desincorporar su estructura de sicariato. Muchos se quedaron desempleados y encontraron acomodo en el secuestro. Se dedicaron a plagiar gente y a cobrar los rescates. Por eso Tijuana vive una oleada de inseguridad y muchos de los responsables son policías.

Después de la aprehensión de Benjamín y la muerte de Ramón, quizá los días de libertad de Francisco Javier Arellano empezaron a estar contados. La DEA hizo un seguimiento minucioso para detenerlo. En México, la PGR falló en sus intentos por capturarlo debido a la fuerte complicidad de muchos de sus agentes, quienes conformaron un muro protector para servir al narcotraficante. Tan estrechos vínculos había entre *El Trigrillo* y la policía tijuanense, que al menos en dos ocasiones fue detenido y, horas después, puesto en libertad bajo alguna argucia: cambiaban al detenido por otra persona y así un nuevo rostro aparecía ante los reflectores. Estas acciones tenían una explicación: Francisco Rafael era intocable en su territorio. Aunque se asegura que ya no operaba el negocio y que más bien se dedicaba a gastar la fortuna de sus hermanos, para la DEA *El Tigrillo* era «la cabeza de la serpiente» y uno de los narcotraficantes más importantes y peligrosos del mundo.

A pesar de que su captura significó un triunfo para la DEA, la detención de Francisco Javier Arellano está envuelta en el misterio. Dos versiones dan cuenta de su aprehensión: una de ellas afirma que el personaje fue detenido en aguas internacionales, mientras pescaba a bordo del yate *Doc Holiday*, fondeado a unas 15 millas náuticas (27 kilómetros) de las costas de La Paz, Baja California; y otra, quizá la que tiene mayor fundamento, establece que *El Tigrillo* fue aprehendido en México y posteriormente entregado por el gobierno mexicano a la DEA.

Todo comenzó así: el 14 de agosto de 2006, Francisco Javier Arellano y dos de sus operadores más importantes, Arturo Villarreal Heredia, *El Nalgón,* y José Borge Briceño López, *El Cholo* (además de otras personas, entre las que se incluían dos menores de edad) habían decidido salir de pesca frente a las costas de La Paz, Baja California. La libertad marítima los esperaba. El mar era seguramente el espacio donde podían sentirse un poco más libres, distantes de los embates terrestres y del acecho del enemigo.

Para la travesía compraron las cervezas, prepararon los mariscos y en las hieleras no faltó el trago para «el desempance». El recorrido sería corto, pero suficiente para que *El Tigrillo* ejecutara su plan: presuntamente en alta mar cerraría un negocio de narcotráfico. Hacer ese tipo de tratos en pleno océano se había vuelto una costumbre de los narcotraficantes. Para ellos el mar era un lugar seguro. Nadie los molestaba. Respiraban libertad. A bordo del yate, uno de los más lujosos que se le conocen al capo, sus cómplices disfrutaron del viento marino y de los tonos azules del agua. Pescaron un rato para relajarse, tomaban un trago y, finalmente, cerraron sus negocios entre risas y choque de copas. Al morir la tarde, la embarcación regresaría para atracar en algún muelle seguro. Se afirma que, desde la distancia, Francisco Javier era vigilado por un grupo de agentes, quienes lo protegían. La Policía de Baja California, nadie lo duda, era parte de su estructura de protección.

Mientras el capo se mecía, a bordo de su embarcación, con el vaivén de las olas, la DEA y la Guardia Costera preparaban el golpe. Al detectar, supuestamente, que el navío había cruzado aguas internacionales, los agentes estadounidenses pudieron perpetrar su plan y detener al *Tigrillo*. Pero las dudas surgieron casi en automático, pues se dijo que los agentes norteamericanos habían violado el territorio mexicano, lo que para ellos ya es costumbre. Por eso nadie dudó que el narcotraficante había sido aprehendido en México.

Ningún funcionario de la DEA, del FBI ni de la Guardia Costera, presentes durante la conferencia de prensa celebrada el 17 de agosto de 2006, para dar a conocer la detención de *El Tigrillo*, quiso entrar en detalles con respecto a cómo y dónde se ejecutó la aprehensión. Aquel hecho quedaba envuelto en el misterio, más aún, porque Paul McNulty, subprocurador de Justicia de Estados Unidos; Michael Braun, jefe de operaciones de la DEA y el vicealmirante Thad Allen, comandante de la Guardia Costera, agradecieron la cooperación del gobierno mexicano para detener a Francisco Javier Arellano Félix, aunque no quisieron detallar en qué consistió el apoyo gubernamental, durante los 14 meses que, según dijeron, duró la investigación. Sólo se limitaron a decir lo que ellos resaltaron como lo más importante del episodio: que el narcotraficante ya estaba detenido.

Las dudas, sin embargo, aumentarían, pues nunca se explicó con precisión el punto de la territorialidad; así como si la Guardia Costera, como se dijo, lo detuvo en aguas internacionales o entró en aguas nacionales (mexicanas), para obligar al *Doc Holiday* a navegar hacia territorio extranjero y así justificar la detención.

Sin embargo, otra versión empañaría aún más las acciones de la DEA, de la Guardia Costera y de la PGR. Y es que dos días antes de que la Agencia Antidrogas norteamericana diera a conocer la detención de *El Tigrillo*, abogados de la familia Arellano promovieron un amparo ante un Juzgado Federal de la ciudad de México, para conocer y acreditar el rumor que les había llegado desde Tijuana, Baja California: que Francisco Javier Arellano había sido detenido en territorio mexicano.

La noticia había cimbrado el núcleo de los Arellano Félix. Enedina Arellano, la contadora pública a la que ahora se le atribuye el liderazgo del cártel, se encontraba en Estados Unidos, desde donde telefoneó a sus hermanos y a su madre para saber sobre el paradero de Francisco Javier. Atendiendo las instrucciones, un miembro de la familia Arellano Félix se comunicó con uno de los abogados del cártel. Éste fue el diálogo que sostuvieron:

—Abogado, nos avisaron que detuvieron a Francisco Javier y que se lo acaban de llevar a México…

El defensor, un octogenario litigante que conoce todos los vericuetos de la justicia y que pocas veces suele sobresaltarse frente a este tipo de hechos, se mostró nervioso ante el telefonema. El defensor tiene temple y está acostumbrado a las emociones fuertes. Pero tal noticia lo sorprendió hasta sacudirlo de pies a cabeza.

—¿Dónde fue? ¿Quiénes lo aprehendieron? —inquirió el defensor, un tanto atribulado, desde su oficina de la ciudad de Toluca, Estado de México.

—No lo sabemos… Es posible que esté incomunicado —dijo la voz del otro lado del auricular.

—No te preocupes. Comunícale a la familia que ahorita me pondré a trabajar en su localización. Tranquilízalos, por favor, que yo más tarde tendré noticias —dijo el abogado con voz pausada pero firme.

Así, el cártel de Tijuana y todas sus ramificaciones comenzaron a maniobrar para la localización y liberar al heredero de la organización criminal. Con base en un alegato, en estricto sentido una solicitud de amparo —expediente 838/2006—, *El Tigrillo* había sido trasladado de Tijuana a la ciudad de México el sábado 12 de agosto, bajo el nombre de Gilberto Canales. Según la petición de amparo, el personaje ingresó a la SIEDO para ser interrogado como cabeza del cártel de Tijuana.

Los datos contenidos en dicha demanda indican que el capo también pisó el Campo Militar Número Uno y que, el lunes 14, el gobierno mexicano decidió entregarlo a la DEA, en medio de una acción sigilosa, cuyos agentes, según se supo después, le seguían los pasos desde hacía por lo menos un año, dentro y fuera del territorio mexicano. Gracias a la obediencia de las autoridades mexicanas, por fin la DEA cumplía el viejo anhelo de tener al *Tigrillo* en sus manos. Unos meses atrás, el gobierno de México había extraditado a Francisco Rafael Arellano, el mayor de los hermanos, quien enfrenta una acusación en Estados Unidos por posesión de drogas de 250 gramos de cocaína. El delito data del año 1980. En ese tiempo estuvo preso un año en Estados Unidos, pero obtuvo su libertad bajo fianza. En 1986 regresó a México y la Corte de San Diego ordenó su reaprehensión. El caso en México se creía prescrito por el tiempo transcurrido. No obstante, fue extraditado a pesar de los recursos legales interpuestos para evitarlo. El 18 de agosto de 2006, la Suprema Corte de Justicia de la Nación le negó el amparo que había solicitado para no ser extraditado. Francisco Rafael Arellano fue detenido en marzo de 1993 en el momento en que figuraba como cabecilla del cártel de Tijuana y, al mismo tiempo, era uno de los empresarios más exitosos de Mazatlán, Sinaloa. Se le acusó de cohecho y portación de arma prohibida, por lo que fue sentenciado a 10 años y 3 meses de prisión, los cuales compurgó. En México nunca fue acusado de narcotráfico. Gran parte de su condena la cumplió en el penal de La Palma. En marzo de 2006 fue trasladado al CEFERESO de Matamoros, Tamaulipas. El gobierno norteamericano presentó su solicitud de extradición por la acusación de 1980. Tras cumplir su condena en México, Francisco Rafael fue extraditado, pues en México no tenía ninguna condena pendiente por cumplir.

La extradición del hermano mayor de los Arellano Félix fue utilizada por el gobierno mexicano como una válvula de escape. Su traslado a Estados Unidos ocurrió en septiembre de 2006, en un momento crucial para México: en pleno ascenso de la violencia del narcotráfico. La presión contra el gobierno mexicano aumentó en voz de Tony Garza, embajador de Estados Unidos en México, quien arremetió contra el gobierno de Vicente Fox por su incapacidad para frenar al narcotráfico: «La violencia en la región fronteriza entre México y los Estados Unidos continúa amenazando hasta nuestra manera de vivir», dijo Garza poco antes de la extradición. En un escritorio de la Secretaría de Gobernación se quedó listo, y a punto de ser aprobado, un expediente que contenía un proyecto, tasado en varios millones de dólares: la preliberación Arellano Félix. Tras su extradición, el documento fue detenido después de haber sido «palomeado» en varias oficinas de esa dependencia.

La historia de *El Tigrillo* alcanzó una dimensión inesperada. Al mismo tiempo que la PGR afinaba todos los detalles, con el presunto objetivo de entregar al *Tigrillo*, los abogados de la organización criminal seguían paso a paso la ruta de su cliente, de quien sólo sabían que estaba incomunicado y ésa era una razón de peso para exigir, a través del amparo, su liberación o, en su defecto, la protección de la justicia federal. Los litigantes pensaron que el cabecilla del cártel de Tijuana estaba en las instalaciones de la SIEDO, en el Campo Militar Número Uno o arraigado en algún sitio seguro.

Sin embargo, los abogados nunca pudieron localizar en esas dependencias al *Tigrillo*, a pesar de que el juez receptor del amparo, José Trujillo Salceda, ordenó su localización inmediata. A través de solicitudes de información urgentes, personal del juzgado federal quiso allegarse datos sobre el paradero de Francisco Javier Arellano. La SIEDO y la Sedena negaron tener en su poder a un tal Gilberto Canales, según respondieron al juzgador federal.

Al ver que el caso era complicado, por la falta de información y el fuerte hermetismo, el juez marcó su distancia frente a los hechos y argumentó que el amparo sólo procedería si los actos reclamados resultaban ciertos, es decir, que *El Tigrillo* estuviera detenido en la SIEDO o en alguna otra dependencia. Pero nunca aparecieron registros de su ingreso a esa subprocuraduría ni mucho menos a las instalaciones de la Sedena. Los abogados argumentaron que tales registros pudieron ser borrados o simplemente no anotaron el nombre del detenido en las libretas de ingreso.

Un misterio envolvió la aprehensión del jefe del cártel de Tijuana, el cual se acrecentó aún más debido a las contradicciones y a la falta de información por parte de la PGR, que, desde entonces, carga con la sospecha de haberlo detenido y entregado a la DEA; aunque también existen datos y evidencias de que los propios agentes estadounidenses —a quienes tanto en el pasado como en el presente sexenio se les concedieron mayores libertades para operar en territorio mexicano— maquinaron una maniobra similar a la que ocurrió en 1990 con la detención o supuesto secuestro del doctor Humberto Álvarez Machain, implicado en la tortura y muerte de Enrique *Kiki* Camarena, el agente de la DEA asesinado en Michoacán a finales de los ochenta.

Heredero del emporio criminal fundado por Francisco Rafael, Benjamín y Ramón Arellano Félix (bajo el impulso de su tío, Miguel Ángel Félix Gallardo —jefe de jefes en el narcotráfico— y Jesús Labra Avilés, *El Chuy* —uno de los más eficaces y discretos lavadores de dinero del cártel—), Francisco Javier Arellano, *El Tigrillo*, alcanzó el poder sin que mediara ningún plan para lograrlo. Todo le llegó de rebote, por esos extraños giros de la naturaleza, que suelen sacudir las vidas de quienes arribaron con anticipación a ocupar una posición poderosa. Sin estar seguramente consciente, *El Tigrillo* sólo estuvo en el lugar preciso y a la hora justa. Y todo lo demás se dio por añadidura.

Pero así como le llegó el poder, en una hora inesperada de su vida, tampoco lo supo valorar. Quizá pensó que todo se lo merecía y que la vida lo premiaba. Nada más falso. *El Tigrillo* terminó enredado en la red de sus propios errores y de su inexperiencia. Su conciencia aún estaba plagada de sombras, distante de la luz que podía despertarla del prolongado letargo en la que estaba sumida. Todavía faltaban muchos golpes para ablandar aquella dura coraza que la envolvía. Francisco Javier Arellano alcanzó el poder de la empresa criminal más poderosa sin proponérselo. Carente de dotes y alejado de cualquier posibilidad de crecer como capo, el joven Arellano Félix solía pasar más tiempo en sus viajes de placer que al frente del cártel. Pero apellidarse Arellano era suficiente para ser visto con deferencia.

Miembro de una numerosa familia sinaloense afincada en Tijuana, Francisco Javier continuó el negocio del narcotráfico siguiendo una vieja regla: tener a su disposición gente inteligente y capaz en el trasiego de drogas, en los cobros, en las negociaciones y en la ejecución de rivales. Al joven narcotraficante, quien de pronto se sintió el capo de capos, no le faltaron gatilleros. Eso explica su cercanía con Arturo Villarreal Heredia, *El Nalgón* —quien poseía amplias conexiones en Sudamérica—, y Marco Fernández, *La Cotorra*, lugartenientes que lo acompañaban aquel 14 de agosto cuando, según la DEA, fue detenido a 15 millas náuticas de La Paz, Baja California, supuestamente en aguas internacionales.

La DEA refiere que, en el momento de su aprehensión, *El Tigrillo* estaba pescando, práctica que a menudo efectuaba en alta mar (donde al mismo tiempo llevaba a cabo negociaciones relacionadas con el tráfico de drogas). Sin embargo, la versión choca con otra historia. La agencia antidrogas norteamericana señala que el día de la aprehensión, el 14 de agosto de 2006, en el yate estaba Francisco Javier acompañado de sus principales lugartenientes, otro grupo como de diez personas y dos menores de edad: su hijo y su sobrino.

Con base en los datos contenidos en el amparo referido, tal versión parece falsa, pues sostiene que *El Tigrillo* fue detenido en un ejido cercano a la ciudad de Tijuana y luego trasladado a la ciudad de México para ser sometido a un amplio interrogatorio, antes de ser presuntamente entregado a la DEA, en una operación similar, aunque menos aparatosa, a la que se efectuó en enero de 1996 con la captura y deportación del capo Juan García Ábrego.

Un dato refuerza la versión de que *El Tigrillo* fue traído a la ciudad de México: los menores Gilberto Álvarez y Fernando Ornelas (este último hijo de Francisco Javier Arellano), de diez y cinco años de edad, respectivamente, en forma extraña fueron internados en un sitio ubicado en Xochicalco número 1000, esquina con Zapata. Luego, ambos niños fueron trasladados, en el más completo sigilo, a un albergue del DIF localizado en Doctor Lavista 74, colonia Doctores. De acuerdo con otros datos consultados, allí ingresaron la noche del sábado 12, supuestamente horas después de la detención y traslado de Francisco Javier Arellano al Distrito Federal.

Tras enterarse de la aprehensión de su cliente, el equipo de abogados de los Arellano se abocó a la preparación del amparo. «Puede estar en la SIEDO o en el Campo Militar Número Uno», pensaron. Y con base en esos datos, solicitaron a un juez federal la protección de la justicia, pero ésta nunca llegó: a ese tal Gilberto Canales, nombre ficticio de Francisco Javier Arellano, nadie lo conocía. El personal de guardia de la SIEDO dijo no tener registro de ninguna persona con ese nombre. Lo mismo respondieron en la Sedena.

En medio del mutismo oficial, el 14 de agosto hubo un inusual movimiento en el Aeropuerto Internacional de la Ciudad de México, y aumentaron las sospechas de que el capo había llegado a esa terminal aérea. No se sabe si provenía de Tijuana o salía de la ciudad de México, el hecho es que, como nunca antes, hubo una fuerte movilización policiaca: helicópteros de la PGR y de la Secretaría de Seguridad Pública Federal sobrevolaban el aeropuerto capitalino ante la presencia del peligroso narcotraficante, quien presuntamente había sido entregado a la DEA por parte de las autoridades mexicanas. Ante la respuesta de las autoridades federales, que negaron tener en su poder a Francisco Javier Arellano, los abogados del cártel de Tijuana se dieron a la tarea de rescatar a los dos menores que estaban bajo resguardo.

El sigiloso ingreso al albergue del DIF, operado por la PGR, robusteció las sospechas de que *El Tigrillo* había estado en la capital del país poco antes de que la DEA anunciara su captura como una de las operaciones más contundentes contra el narcotráfico y, en particular, contra el cártel de Tijuana.

Históricamente el caso quedó plagado de dudas y envuelto en el misterio, un misterio que ninguna autoridad ha querido despejar. La presencia de los menores reforzó todavía más la sospecha de que Arellano Félix había sido detenido en territorio mexicano, pues de lo contrario nadie se explicaba la presencia de los niños en el Distrito Federal. ¿Qué hacían los menores en un albergue del DIF si la DEA había difundido que, al momento de su detención, *El Tigrillo* estaba a bordo del yate *Doc Holliday*? ¿Acaso es verdad lo que sospechaban los abogados del cártel de Tijuana: que Francisco Javier fue llevado a la ciudad de México y sometido a fuerte interrogatorio para luego ser entregado a la DEA? ¿Entonces mintió la DEA al construir la historia de la detención a bordo del yate fondeado en aguas internacionales? ¿Quién o quiénes trajeron a los menores al Distrito Federal? La PGR, entonces a cargo del procurador Daniel Cabeza de Vaca, no despejó las dudas. El caso quedó sepultado en el silencio oficial.

Este hermetismo cubrió de neblina el anuncio hecho por la DEA en Washington. Y es que el guión de la DEA sobre la captura de Francisco Javier Arellano empezó a distorsionarse con otras evidencias contundentes. El viernes 18 de agosto, aproximadamente a las 3:00 de la tarde, la señora Guillermina Canales Dávila, abuela de uno de los menores, llegó a la ciudad de México con un legajo de documentos en las manos. Con la seguridad de su autenticidad, acreditó la patria potestad de los infantes y, sin mayores argumentos, le fueron entregados los dos menores, quienes ese mismo día quedaron en poder de sus familiares.

—Puede usted llevarse a los pequeños —le dijo un alto funcionario del DIF, tras revisar los documentos.

—Muchas gracias —respondió la señora con el seño adusto; abordó un vehículo de lujo y no se le volvió a ver.

Este hecho, explicado parcialmente por el entonces procurador Daniel Cabeza de Vaca, generó mayores sospechas sobre lo que ya se suponía: que *El Tigrillo* había sido entregado por la PGR a la DEA. El procurador de Justicia del Distrito Federal explicaba con extrañeza el misterioso caso: «Los menores fueron internados sin avisarle a la Procuraduría, lo cual merece una explicación por parte de la PGR». El ruido sobre la detención en México de Francisco Arellano aumentó cuando Adán Enrique Rufo Velarde, titular de la Secretaría de Seguridad Pública de Baja California, dijo el 17 de agosto, en tono convincente, que Arellano Félix fue detenido en territorio tijuanense.

Los detalles los explicó así, según dio a conocer la prensa: «Elementos de la agencia antidrogas estadounidense incursionaron por sorpresa en territorio mexicano, sin avisar a las autoridades locales, para detener al narcotraficante, posiblemente en Mulegé o Loreto, de donde lo sacaron para llevárselo a Estados Unidos». De acuerdo con la versión pública, que le atribuye declaraciones supuestamente «alteradas», el mismo Rufo Velarde denunció que ya habían tenido información sobre la detención que presuntamente haría la DEA de Arellano Félix; y recriminó, con vehemencia, que no le hubieran avisado con anticipación, como correspondía legalmente. La delegación de la PGR en

Baja California Sur y la Procuraduría General de Justicia estatal también admitieron que no se les tomó en cuenta y no tenían conocimiento de los detalles.

«Lo único que sé es lo que han publicado los medios de comunicación», explicó el procurador de justicia estatal, Francisco Javier González Rubio. Mientras que el departamento de comunicación social de la PGR en Baja California Sur negó tener información sobre la detención de aquel martes 14 de agosto.

Seguramente presionado por la PGR, Rufo Velarde cambió su versión de los hechos, luego de ser citado a declarar por la SIEDO. El responsable de la seguridad en Baja California fue sometido a un fuerte interrogatorio por agentes del Ministerio Público Federal. Tras el interrogatorio, que duró varias horas, salió de las instalaciones de la PGR diciendo que «nunca hizo tales declaraciones» y que la prensa de Baja California había alterado su dicho.

En medio del escándalo, que alcanzaba dimensiones mayores y parecía salirse del control de la PGR, finalmente dio la cara Daniel Cabeza de Vaca. El funcionario expuso una versión poco creíble: que fue la DEA la que le entregó los menores a la PGR, luego de llevar a cabo la detención del narcotraficante. Y, según él, eso explica por qué los menores aparecieron en el Distrito Federal y puestos bajo custodia del DIF. A las 3:30 de la tarde del viernes 18 de agosto, los menores fueron entregados a sus familiares. Los abogados del cártel no se explican, hasta ahora, por qué los trajeron a la ciudad de México y por qué la PGR se sumió en el más completo hermetismo.

—¿Qué suponen ustedes que pasó? —se le preguntó a uno de los abogados de los Arellano Félix.

—Que los trajeron a México con Francisco Javier (o Gilberto Canales) y luego tuvieron que ponerlos bajo custodia ante un hecho que suponemos fue real: que fue entregado a la DEA.

A la DEA parecía no importarle que la detención de Francisco Javier Arellano estuviera salpicada de sospechas. Michael Braum, jefe de operaciones de esa agencia antidrogas, festinó la captura de *El Tigrillo* como si el hecho significara el exterminio del cártel de Tijuana. No es así: la plataforma del cártel está intacta. Con evidente vehemencia,

Braum expuso así la importancia de tan ansiada captura: «Hemos arrancado la cabeza de la serpiente. Esto no quiere decir que no haya uno o más miembros en el cártel que sean capaces de tomar el control y seguir las operaciones del cártel, pero eso está por verse».

Braum soltó un dato más sobre *El Tigrillo*: que es drogadicto. Y al echar una mirada al seno de la familia Arellano Félix, no dudó en afirmar que Eduardo Arellano, el menor de la dinastía, emergería como nuevo jefe del cártel de Tijuana, junto con su hermana Enedina, la primera mujer en el mundo que alcanza el liderazgo de una organización criminal.

La pena de muerte

Cinco meses después de haber sido capturado, *El Tigrillo* enfrenta el juicio más terrible de su vida. La Fiscalía Federal de San Diego decidió actualizar la acusación contra el jefe del cártel de Tijuana y ahora se apresta a solicitar la pena de muerte para el narcotraficante. Sin que exista ninguna garantía para impedirlo, pues no fue extraditado, los recursos diplomáticos parecen endebles para impedir que Francisco Javier Arellano sea sometido a la pena capital.

Desde tiempo atrás, todo el andamiaje acusatorio en contra de *El Tigrillo* estaba estructurado para que su destino final fuera, tarde o temprano, Estados Unidos. Y es que los primeros cargos que se le fincaron en 2003 estaban concebidos de tal forma que, si el narcotraficante era capturado por autoridades mexicanas, éstas se verían forzadas a extraditar al líder del cártel de Tijuana a territorio estadounidense.

Pero con el hecho de que, pese a los testimonios en contra, finalmente se haya impuesto la versión de que Francisco Javier Arellano fue detenido el 14 de agosto por autoridades norteamericanas en aguas internacionales, la fiscalía a cargo del caso en San Diego, California, actualizó el expediente, con el agregado de más cargos; entre otros, numerosos asesinatos ocurridos entre enero de 2003 y enero de 2005 y que, al parecer, están relacionados con los Arellano Félix. Así, a las acusaciones iniciales por tráfico e importación de drogas, sobornos y torturas, por ejemplo, se le suman ahora la autoría intelectual de la muerte y decapitación de tres policías y un civil ocurridos en junio de 2006 en Rosarito, Baja California.

Si *El Tigrillo* resultara culpable de estas acusaciones, podría ser condenado a la pena de muerte, por lo que su abogado defensor, David Bartick, tratará de demostrar que la detención de su cliente, supuestamente en aguas internacionales, fue ilegal. Bajo ese argumento jurídico, el defensor de Francisco Javier Arellano Félix solicitó al juez Larry Allan Burns que ordene a la Fiscalía entregar lo que ha negado: el video sin editar que contiene las imágenes del momento en que el capo es capturado; la filmación se realizó cerca de La Paz, Baja California Sur, cuando Arellano Félix se encontraba a bordo del yate *Dock Holiday*.

De acuerdo con Bartick, en ese video, grabado por los guardacostas de Estados Unidos, los diálogos son de vital importancia para probar la ilegalidad de la detención de su cliente. Y pidió, asimismo, información de cómo y cuándo se colocó un sistema de posicionamiento satelital (llamado GPS) en el barco que tripulaba *El Tigrillo* y que facilitó su captura.

Sin entrar en mayores detalles, el defensor de Arellano comparó el caso de su cliente con el secuestro de otro mexicano: Humberto Álvarez Machain, implicado en el crimen de Enrique Camarena, el agente de la DEA que a finales de los ochenta investigaba en territorio mexicano las operaciones de varios narcotraficantes, entre ellos Rafael Caro Quintero y Miguel Ángel Félix Gallardo.

La pena de muerte, la condena a la que más le temen los narcos, puede caer sobre *El Tigrillo*. Por lo pronto, los abogados del narcotraficante pretenden ganar tiempo, quizá tiempo de vida para su cliente. Recientemente los litigantes intentaron postergar el juicio hasta junio de 2008, pero el juez federal Larry Alan Burns estableció que el juicio en contra del cabecilla del cártel de Tijuana, y su lugarteniente, Manuel Arturo Villarreal Heredia, *El Nalgón*, comenzará en la primera semana de enero de 2008.

La fecha marcada por el juzgador provocó molestia entre el equipo de abogados de *El Tigrillo*, pues consideran que no dispondrán del tiempo suficiente para reunir las pruebas que necesitan para demostrar la inocencia de su cliente, cuyos expedientes son voluminosos: más de 60 mil páginas de evidencias y unas 500 mil intercepciones telefónicas.

Por otra parte, en México los abogados de la familia Arellano trabajan en varios juicios de amparo, para acreditar que su cliente fue detenido ilegalmente. Como se dijo antes, existe la sospecha de que fue capturado por la PGR en territorio mexicano y luego entregado a la DEA. Falta ver si la PGR, o alguna otra instancia del gobierno mexicano, emite al menos una carta de extrañamiento si a Francisco Javier Arellano le aplican la pena de muerte. Acostumbrado a escapar por la puerta falsa, y a ser sustituido por la policía por otro detenido, *El Tigrillo* ahora parece no tener salida para evadir a la justicia norteamericana. Su suerte está echada.

Las extradiciones: obediencia sin límites

Sin una política criminal clara, pero «obediente» frente a las exigencias de Estados Unidos, el presidente Felipe Calderón tomó la decisión de extraditar a los primeros 15 personajes del narcotráfico. Este hecho fue interpretado, dentro y fuera de México, como una muestra de fortaleza. La determinación gubernamental, sin embargo, esconde varios mensajes; entre otros, que el gobierno de México ya no sabía qué hacer con los capos presos en los penales de máxima seguridad, desde donde presuntamente seguían manejando el tráfico de drogas a gran escala y girando órdenes para asesinar a sus rivales, como era el caso de Osiel Cárdenas Guillén, según datos de la propia PGR.

Pero al mismo tiempo, el envío de connacionales a Estados Unidos es el ejemplo más claro del «entreguismo» y de la obediencia del presidente Calderón frente a las exigencias del gobierno norteamericano, pues la mayoría de las extradiciones recientes están plagadas de vicios, fallas y no están exentas de violaciones legales.

El largo camino legal de las extradiciones se empezó a recorrer en el año 2001, cuando el entonces presidente Vicente Fox solicitó a la Suprema Corte de Justicia de la Nación (SCJN) cerrar las rutas y vericuetos por donde los abogados de los narcotraficantes estaban logrando triunfos legales a favor de sus clientes, lo que dejaba «mal parado» al gobierno que ya había prometido a Estados Unidos el envío de narcotraficantes para ser juzgados en aquel país.

Casi al mismo tiempo en que Joaquín *El Chapo* Guzmán terminaba de dar forma al cártel de Sinaloa, al romper relaciones con Vicente

Carrillo Fuentes y sumar a su causa a los hermanos Beltrán Leyva, Juan José Esparragoza Moreno, *El Azul,* y a Ismael Zambada García, *El Mayo* (éste parece inamovible en Sinaloa), Osiel continuaba utilizando su liderazgo desde el penal de La Palma. El capo no se resistió, como lo hizo Miguel Ángel Félix Gallardo, tras su caída en abril de 1989, a soltar el poder. Ambicioso, quiso mantenerlo aún en prisión. Y tuvo su costo: fue extraditado. Con esposas, el cuerpo encorvado y rostro afligido, cual guerrero derrotado, la noche del 19 de enero Cárdenas Guillén tuvo que emprender un viaje sin retorno a Estados Unidos. Ese día abordó un avión oficial en el que quizá realizó el último recorrido de su vida. No iba solo. Entre los capos relevantes, lo acompañaba su acérrimo enemigo, Héctor *El Güero* Palma Salazar, ex lugarteniente de Félix Gallardo y ex socio de Joaquín Guzmán Loera. Palma Salazar es la figura que mejor batalla legal y armada antepuso ante el Estado para impedir su extradición. Meses atrás, el *Güero* Palma había estado con un pie en la calle: la PGR no le había podido comprobar ninguna acusación por tráfico de drogas. En los instantes en que el capo preparaba maletas para marcharse del penal de Puente Grande, en Jalisco, una orden de aprehensión con fines de extradición retuvo a Palma en la prisión. Al capo de los ojos verdes no le quedó otra opción más que doblar su adolorido cuerpo en el camastro donde solía descansar desde su detención, en 1995, cuando fue aprehendido en Tepic, Nayarit, luego de sufrir un accidente aéreo al desplomarse la avioneta en la que viajaba. El piloto y el copiloto perdieron la vida. Palma la salvó, pero no evadió la prisión.

Sus abogados emprendieron entonces la más ardua batalla legal contra la extradición. Fue inútil. Una semana antes de anunciarse su partida a Estados Unidos, la Secretaría de la Defensa Nacional emitió un comunicado en el que anunció que, como resultado de un operativo, había sido detenido Miguel Ángel Beltrán Uriarte —principal operador del cártel de Sinaloa —y Ernesto Avilés Espinosa, abogado de Palma Salazar. De esa forma, la Sedena desactivó cualquier argucia legal encaminada a frenar la extradición de quien fuera una de las principales cabezas del cártel de Sinaloa, entre finales de los ochenta y principios de los noventa.

En su partida, Osiel y Palma Salazar también iban al lado de un personaje quizá de menor estatura y liderazgo que ellos, pero que en su tiempo fue considerado el mejor «pasador» de droga que haya tenido el cártel de Tijuana en su etapa hegemónica: Ismael Higuera Guerrero, *El Mayel*.

Famoso por organizar fiestas en sus residencias con mujeres colombianas, y por su fino olfato para detectar a traficantes que invadían su territorio, Higuera Guerrero era el más eficaz operador del cártel de Tijuana. Pero tal habilidad y destreza no podía ser aplicada para regular sus excentricidades, pues el famoso *Mayel* tenía una debilidad: el dinero y las mujeres. Así, atrapado entre ambos placeres, envuelto en una bata y con el rostro descompuesto por la droga y la trasnochada, el narcotraficante fue detenido en marzo del 2000 en su casa de la carretera Tijuana-Ensenada, una fastuosa residencia con vista a las aguas del mar de Cortés, desde donde podía admirar todas las tonalidades del azul. Hasta ese sitio arribó un grupo de elite del Ejército para detenerlo. Higuera Guerrero fue hallado en compañía de dos modelos colombianas que aún estaban desnudas, reposando en un cómodo sofá de la estancia y rodeadas de botellas de *Crystal*, la champaña preferida del capo. En la historia del narcotráfico, no existe antecedente que registre la detención de un narcotraficante en estado de ebriedad y drogado. El *Mayel* había perdido la cabeza.

Higuera Guerrero también se marchó a Estados Unidos con el rostro compungido, triste por el golpe político asestado. En sus ojos apagados no había lugar para el enojo, menos para la certeza legal. No sabía lo que le esperaba en una prisión de alta seguridad de Estados Unidos. Nadie sabe si pudo despedirse de su hijo, Ismael Higuera, *El Mayelito*, también preso en La Palma, a quien arrastró al negocio de las drogas hasta terminar, a su corta edad, encarcelado bajo acusaciones de narcotráfico en varias modalidades.

Junto al *Mayel* se acomodó su hermano Gilberto, *El Gilillo*, quien empezó como operador de los hermanos Arellano Félix y, tiempo después, se alió con Ismael *El Mayo* Zambada para cumplir un viejo anhelo del capo sinaloense: penetrar el estado de Baja California, uno de los territorios que más ha codiciado el veterano capo. Por esa acción le llamaron traidor. Entre aliados y rivales también partió a Estados Unidos Gilberto Garza García —se hacía llamar Gilberto Salinas Doria— *El Güero Gil*, uno de los principales apoyos que, en su tiempo, tuvo el cártel de Juárez, en la etapa en que ese grupo criminal era dirigido por Amado Carrillo Fuentes, *El Señor de los Cielos*.

Con menos tiempo en prisión, aunque con una larga trayectoria en el tráfico de drogas, Miguel Ángel Arriola Márquez, cabecilla del llamado cártel de Los Arriola, fue otro de los extraditados. Este grupo criminal, ligado a importantes negocios ganaderos, tuvieron una etapa boyante en el sexenio que en Chihuahua encabezó Patricio Martínez, con quien a menudo se les veía en eventos públicos y privados. Bajo la férula protectora de Martínez, los Arriola prácticamente lograron el gran despegue, siempre combinando las actividades empresariales con el tráfico de drogas. En pleno sexenio, Patricio Martínez no sólo fue objeto de escándalos por la protección que brindó a José de Jesús Silva, *El Chito*, presuntamente relacionado con el cártel de Juárez, sino que se daba el lujo de aparecer públicamente al lado de uno de los 40 narcotraficantes más buscados por la DEA. Esta complicidad no dejó lugar a dudas cuando, en octubre de 2004, el gobernador Martínez fue fotografiado al lado de Óscar Arriola —uno de los cabecillas del *clan*— en el momento en que junto a Alejandro Cano, alcalde de Chihuahua, colocaban la primera piedra de un rastro Tipo Inspección Federal (TIF) que les había sido concesionado por un periodo de 15 años. En ese tiempo, Óscar, quien ya era buscado por la DEA por sus vínculos con el narcotráfico, tenía una carta de presentación para camuflar sus actividades ilegales: se presentaba como empresario y dueño de la compañía Corrales San Ignacio, una de las más prósperas de Chihuahua, y que más tarde fue asegurada en Estados Unidos por ser utilizada para el «blanqueo» de dinero del narcotráfico.

Como traficantes de droga, los Arriola tenían amplias conexiones: lo mismo recibían cargamentos en el puerto de Veracruz a bordo de buques extranjeros que comercializaban los estupefacientes en Estados Unidos, a través de su amplia red de operadores. El famoso *clan* lo conforman tres hermanos: Luis Raúl, Miguel Ángel y Óscar Arriola Márquez. Este último fue el heredero de la organización, tras la caída, en septiembre de 2004, de Raúl y Miguel Ángel, detenidos en Chihuahua en una de sus múltiples residencias utilizadas como refugio. Esta organización criminal, a la que se le atribuye la introducción de unas 40 toneladas de cocaína mensuales a Estados Unidos, tenía y tiene amplias relaciones en Sudamérica, desde donde eran abastecidos por sus socios colombianos y venezolanos. Su base de operaciones es su tierra natal, la comunidad de El Saucillo, en Chihuahua, donde han invertido sumas millonarias en negocios agrícolas y ganaderos, así como en gasolineras, agencias automotrices y otras empresas «fachada» utilizadas para «lavar» el dinero proveniente del tráfico de drogas.

La PGR conoce bien el entramado criminal de los Arriola. En sus análisis describe que estos *narcoempresarios* chihuahuenses contrataban los embarques de cocaína en Colombia, desde donde era transportada a Venezuela. Y en la terminal aérea de Maiquetía era enviada a México con regularidad en vuelos comerciales que arribaban a Chihuahua con protección de la Policía Federal Preventiva o elementos de la Agencia Federal de Investigación (AFI), con cuyos altos mandos estaban «arreglados».

A principios del año 2000, ya manejaban el narcotráfico a gran escala, siempre protegidos por los gobiernos priistas de Chihuahua, pues eran vistos como prósperos empresarios y financieros habituales de campañas políticas. No obstante, los hermanos Arriola operaron el narcotráfico y el lavado de dinero en completo sigilo durante poco más de un lustro. Nunca fueron molestados. Por su forma de operar y por hacer de la discreción un estilo, los Arriola se parecían a los hermanos Valencia Cornelio, jefes del cártel del Milenio, quienes lograron convertir su organización en una de las más eficaces y prósperas sin que por mucho tiempo fueran motivo de escándalos ni de persecuciones. Los Valencia eran famosos por la venta de aguacate. Los Arriola eran conocidos por la exportación de carne, por sus hatos ganaderos y por sus múltiples empresas que, según se supo después, eran parte de los cimientos donde montaron la maquinaria para lavar dinero.

Pero la buena estrella que los protegió por años en el negocio del narcotráfico se extinguió. Poco a poco fueron cayendo sus principales operadores y, en agosto de 2005, el Departamento del Tesoro les congeló bienes y cuentas en Estados Unidos, al tiempo que ordenó una investigación internacional —y ahí empezaron las presiones contra el gobierno mexicano, cuyos archivos ya registraban algunas complicidades de políticos chihuahuenses con los Arriola— para desarticular lo que la DEA ya consideraba un cártel bien cimentado, con base en Chihuahua, y que estaría relacionado con Joaquín *El Chapo* Guzmán y, en otro frente, con el cártel de Juárez.

Tiempo atrás, la SIEDO había empezado a investigar al gobernador Patricio Martínez y al candidato de éste a la gubernatura, José Reyes Baeza. La indagatoria era la misma que se había integrado contra agentes ministeriales coludidos con las operaciones del cártel de Juárez, encabezado por Vicente Carrillo Fuentes, en cuya trama resultó implicado el propio procurador del estado, Jesús *Chito* Solís, el protegido de Patricio Martínez.

A pesar de que la SIEDO, a través de un grupo de agentes encubiertos, intervino los teléfonos del entonces gobernador Patricio Martínez para conocer su red de complicidades, la indagatoria extrañamente no prosperó. Algunos policías fueron detenidos, pero el asunto terminó en una «negociación política» en la que se pactó la destitución del procurador Solís, la pieza clave en toda la maraña criminal. Los hermanos Arriola serían detenidos tiempo después, sin que la PGR haya logrado aprehender a ninguno de los políticos relacionados con los llamados *Pichones*, como se les conoce en Chihuahua a los Arriola.

Aunque cumplieron un triple efecto político —resultaron espectaculares, mandaron un mensaje a las bandas del crimen organizado y cumplieron un viejo deseo del gobierno de Estados Unidos— las extradiciones de los narcotraficantes no estuvieron exentas de violaciones y excesos legales.

Según documentos de la PGR y de la Secretaría de Relaciones Exteriores, al menos Osiel Cárdenas Guillén, jefe del cártel del Golfo; Miguel Ángel Arriola Márquez, cabecilla del llamado *clan* de los Arriola; Ismael Higuera Guerrero, *El Mayel*, pasador de droga del cártel de Tijuana, así como Saúl Saucedo Chaides, operador de Joaquín Guzmán Loera, no debieron ser extraditados a Estados Unidos. La razón:

que aún tienen vigentes varios juicios —sentencias y averiguaciones previas en proceso— en territorio nacional.

En aras de cumplir sus compromisos con el gobierno de Estados Unidos y de lograr disminuir la violencia del narcotráfico, el presidente Felipe Calderón desoyó las opiniones de jueces y altos funcionarios de la PGR y de la Secretaría de Relaciones Exteriores, quienes consideraron que no era viable, por ahora, extraditar a estos personajes del narcotráfico. Sin embargo, y al igual que Colombia, México era presionado por Estados Unidos para que enviara a los capos de la droga a aquel país, donde la mayoría tiene expedientes abiertos por narcotráfico; y en cualquier caso, el presidente Vicente Fox ya había allanado el camino para la extradición veloz.

Antes, durante la administración de Ernesto Zedillo Ponce de León, México y Estados Unidos firmaron un protocolo para favorecer las extradiciones temporales de capos y otros delincuentes peligrosos. Tal medida fue firmada en 1997 por los procuradores de ambos países, Janet Reno y Jorge Madrazo Cuéllar. Dicho protocolo al Tratado de Extradición expone en su artículo primero: *La Parte Requerida después de conceder una solicitud de extradición formulada de conformidad con este Tratado podrá entregar temporalmente a una persona que haya recibido una sentencia condenatoria en la Parte Requirente, antes o durante el cumplimiento de la sentencia en la Parte Requerida. La persona así entregada deberá permanecer en custodia en la Parte Requirente y deberá ser devuelta a la Parte Requerida al término del proceso, de conformidad con las condiciones determinadas por acuerdo de las Partes, para ese efecto.*

En los casos en los cuales la persona entregada temporalmente reciba una sentencia absolutoria en la Parte Requirente, el tiempo que haya permanecido en prisión en la Parte Requirente, será abonado al cumplimiento de su sentencia en la Parte Requerida.

En otro párrafo, el protocolo expone que la entrega temporal no procederá si se atenta contra los requisitos del Tratado de Extradición en el rubro sobre ejecución de sentencias penales, es decir, si la persona solicitada está compurgando una pena en su país de origen.

Detenido en marzo de 2003 en Matamoros, Tamaulipas, Osiel Cárdenas fue encerrado en el penal de La Palma bajo diversos cargos relacionados con el narcotráfico y la delincuencia organizada. A pesar de estar en una celda de castigo, el capo continuaba dirigiendo sus negocios ilegales, podía realizar llamas telefónicas al exterior y se pasaba la mayor parte del tiempo fuera de su celda, pues disponía de una veintena de abogados con los que hablaba todos los días, según revelan datos acreditados por la PGR, en donde se advierte al Ejército de un posible plan de fuga fraguado por el capo desde la prisión y que posiblemente llevaría a cabo el grupo armado *Los Zetas*.

El 9 de marzo de 2004, un año después de haber sido capturado por el Ejército mexicano, el gobierno norteamericano solicitó formalmente su extradición a Estados Unidos, a fin de procesarlo por narcotráfico. La petición estadounidense se formuló en estos términos, según consta en la solicitud formal:

Que por nota diplomática 498 del 9 de marzo de 2004, el gobierno de los Estados Unidos de América, a través de su Embajada en México, presentó la solicitud formal de extradición internacional de Oziel Cárdenas Guillén, alias «Osiel Cárdenas Guillén», alias «Ingeniero», alias «El Señor», alias «Noventa y Uno», alias «Fantasma», alias «El Loco», alias «El Patrón», alias «El Cabezón», alias «Madrina», alias «Memo»... quien es requerido con fundamento en el Tratado de Extradición entre los Estados Unidos Mexicanos y los Estados Unidos de América, remitiendo en ese mismo acto la nota diplomática 499 de la misma fecha, que contiene las garantías sobre la no aplicación de la pena de muerte y la pena de cadena perpetua al reclamado (en esta fecha todavía era vigente el argumento de la pena de muerte para impedir una extradición) *en caso de que sea extraditado al Estado requirente; documentos que fueron remitidos por esta Secretaría a la Procuraduría General de la República para que promoviera lo correspondiente ante la autoridad judicial federal, de conformidad con lo establecido en el artículo 21 de la Ley de Extradición Internacional.*

El 4 de febrero de 2005, el Juez Primero de Distrito de Procesos Penales Federales del Estado de México emitió su opinión jurídica sobre la solicitud de extradición de Cárdenas Guillén, también llamado *El Mata Amigos*:

Primero: En atención a que este órgano jurisdiccional estima que en el caso no satisfacen los requisitos de procedibilidad requeridos al respecto, se opina que, al menos por ahora, no resulta procedente conceder la extradición solicitada por los Estados Unidos de América respecto de Oziel Cárdenas Guillén... Segundo: Comuníquese esta opinión a la Secretaría de Relaciones Exteriores, remitiéndose copia certificada de la misma y el original del presente expediente, en tanto que es a dicha autoridad a la que corresponde determinar en definitiva si se concede o no la extradición a la que se refiere el presente asunto... Quinto: La entrega de Oziel Cárdenas Guillén... al gobierno de los Estados Unidos de América, queda diferida hasta que se resuelvan en definitiva las causas penales que tiene abiertas en su contra en territorio nacional, de conformidad con lo establecido en el artículo 15 del Tratado de Extradición celebrado entre los Estados Unidos Mexicanos y los Estados Unidos de América.

El mismo argumento fue planteado por la Dirección General de Extradiciones y Asistencia Jurídica de la PGR, dependiente de la Subprocuraduría Jurídica y de Asuntos Internacionales a la Secretaría de Relaciones Exteriores, sobre la solicitud de extradición del narcotraficante Miguel Ángel Arriola Márquez. Ligado al *Chapo* Guzmán y detenido en el mes de septiembre de 2004 junto con su hermano Luis Raúl, Arriola Márquez fue solicitado por Estados Unidos para ser juzgado en ese país por delitos relacionados con el tráfico de drogas.

Mediante el oficio No. DGEAJ/0970/06 del 17 de julio de 2006, el licenciado Marco Antonio Valenzuela Barrios recibió respuesta de la PGR sobre la extradición de Arriola Márquez en los siguientes términos legales:

Con fundamento en los artículos 8 segundo párrafo de la Constitución Política de los Estados Unidos Mexicanos, 4 fracción III de la Ley Orgánica de la Procuraduría General de la República, así como en el 35 de su Reglamento y en atención a su escrito presentado en esta institución el 16 de junio de 2006 relacionado con la situación jurídica de Miguel Ángel Arriola Márquez, hago de su conocimiento que mediante el oficio DGEAJ/0713/2006 del 18 de mayo de 2006, esta Dirección General de Extradiciones y Asistencia Jurídica informó a la Secretaría de Relaciones Exteriores que el requerido tiene un proceso penal pendiente en territorio nacional que impide su entrega al país requirente hasta en tanto se concluya el mismo.

Por otro lado, respecto a los Jueces Décimo Octavo de Distrito de Procesos Penales Federales y Séptimo de Distrito en Materia de Amparo Penal, ambos en el Distrito Federal, le comunico que éstos han concluido su intervención en el procedimiento de extradición; el primero, al emitir su opinión jurídica puso al reclamado a disposición de la Cancillería y, el otro, al resolver el juicio de garantías planteado por el requerido. En consecuencia, no es necesario notificar a los mismos ya que ninguno de los dos participaría en la ejecución del acuerdo de mérito.

Al momento de ser extraditados a Estados Unidos —19 de enero de 2007— tanto Osiel Cárdenas como Miguel Ángel Arriola Márquez tenían varios juicios en proceso en territorio nacional, lo que impedía, según la opinión jurídica de los jueces, su traslado a los Estados Unidos.

En el caso del jefe del cártel del Golfo, están pendientes varios procesos en distintos juzgados federales, entre otros, el 22/2004 y 34/2004 por el delito de portación de arma de fuego de uso exclusivo del Ejército y Fuerza Aérea; el 51/2004, 8/2002, 16/2002 y 169/98 por violación a la Ley Federal contra la Delincuencia Organizada y otros.

Miguel Ángel Arriola dejó pendiente en México el proceso 236/04 en el Juzgado Primero de Distrito de Chihuahua. También había interpuesto un amparo contra el auto de formal prisión, lo que lo mantenía sujeto a un Tribunal de Amparo. Es el mismo caso de Ismael Higuera Guerrero, *El Mayel*, quien tenía abiertos varios procesos, entre otros, el 24/00 en el Juzgado Primero de Distrito en Materia de Procesos Penales Federales del Estado de México. En el caso de Benjamín Arellano Félix, otro de los capos solicitados por Estados Unidos, su abogado defensor, Américo Delgado de la Peña, promovió un amparo contra su probable extradición temporal, juicio que se ventila bajo el número 80/07/1 en el Juzgado Quinto de Distrito de Amparo y Juicios Civiles Federales en el Estado de México.

México-Colombia:
dos pueblos bajo amenaza

El nuevo régimen se ha trazado una empresa titánica: abatir el narco-tráfico. El presidente Felipe Calderón abrió fuego contra los cárteles de la droga, empresas trasnacionales con fuertes soportes en la economía del mundo, que no parecen estar dispuestas a dejarse arrebatar ni poner en riesgo su negocio.

Para lograr su objetivo, el mandatario echó mano de su único recurso: el Ejército mexicano. Pero en México la batalla contra las drogas no está exenta de traiciones y turbias complicidades. La tarea es harto difícil. Si al régimen de Vicente Fox le tocó soportar su política criminal con la detención de importantes cabezas del narcotráfico, al presidente Calderón le toca una tarea todavía más difícil: organizar la dispersa fuerza del Estado, debilitada años atrás debido a la ausencia de liderazgo y a la ruptura del régimen priista, para que vuelva a erigirse en el árbitro regulador del negocio de las drogas. La determinación presidencial llega en el momento en que el poder del narco trastoca al poder político y no sólo eso: cuando el nuevo régimen presidencial corre el riesgo de cogobernar con las redes del narcotráfico. La guerra contra los barones de la droga está declarada y puede durar más de un sexenio. Calderón no puede ya dar marcha atrás. La lucha contra las drogas será la tónica del sexenio calderonista, que tiene que cargar con una suerte de herencia maldita.

La historia, con su juicio implacable, colocará a Vicente Fox en el sitio que le corresponde por sus yerros y aciertos. El gobierno federal ahora está empeñado en acabar con el narcotráfico desorganizado, el que compite deslealmente con las grandes empresas del crimen. Pero una realidad se impone, pujante, y reclama su sitio: el negocio debe continuar.

Esto, a pesar de que en México quedan pocos espacios para la convivencia social distante del miedo. La libertad está bajo amenaza constante. Los tiempos de la seguridad, la estabilidad en todos los órdenes, desaparecieron con el paso de los años y sobrevino el relajamiento en la tarea de gobernar. La corrupción y la impunidad crecieron como nunca antes en la historia. El apocalíptico fantasma de la pobreza aumentó como maldición por todo el territorio. Y en esos núcleos sociales, el crimen organizado encontró un ejército ya entrenado por el hambre y la frustración.

En México se acabaron los tiempos de la seguridad. El espíritu humano vive amenazado por la agitación exterior. El país de pronto cayó en un caótico remolino que sacude a las nuevas generaciones. El fuerte vendaval del narcotráfico amenaza a la niñez y a una juventud que vive en un México cada vez más incierto. No hay seguridad. Ese sentimiento no existe más en una sociedad cada vez más incrédula.

La idea de un México estable y seguro se esfuma. El anhelo de un país boyante que transmita certidumbre no parece encontrar cabida en la realidad actual. La palabra seguridad encierra un mundo aparte. Por ello, el escritor austriaco Stefan Zweig decía que, para él, el único mundo posible es el del espíritu.

Amenazado por la guerra, Zweig, el más célebre biógrafo del siglo XX —su arte consistía en escribir biografías y resaltar a los personajes a partir de la contradicción humana y nunca por medio de la adulación—, concedió una entrevista al periodista Robert van Gelder, publicada en el diario *New York Times* en su edición del 28 de julio de 1940, dos años antes de suicidarse en Petrópolis, Brasil. A propósito de la seguridad, el escritor habló de cómo el arte y la convivencia social vivían amenazadas por la guerra y como sufría los embates del miedo y de lo incierto.

«La concentración del artista», dijo Zweig, «ha sido dañada. Se golpeó el pecho con los nudillos de la mano izquierda. ¿Cómo van a captar nuestra atención los viejos temas. Un hombre y una mujer se conocen, se enamoran, tienen una aventura: en otra época eso fue una historia. Volverá a serlo dentro de algún tiempo, pero ¿cómo vivir con entusiasmo en un mundo tan trivial como el de ahora?...

»La reclusión ya no es posible mientras nuestro mundo está en llamas. La torre de marfil de la estética no es a prueba de bombas, como ha dicho Irwin Edman. De hora en hora uno espera las noticias. No puede evitar leer los periódicos, escuchar la radio y, al mismo tiempo, sentirse oprimido por la preocupación sobre el destino de parientes cercanos y amigos.»

La sensación de la seguridad, debe decirse, desapareció en México. Desafiante, el narcotráfico puede romper la frágil capa de la armonía social en cualquier pueblo del país. El espacio más atractivo, o la playa más concurrida, donde el ser humano relaja su mente y experimenta cierto goce de libertad, de pronto puede estar invadida por la pavura ante los disparos de las metralletas y los cuernos de chivo. De día y de noche, el crimen organizado puede irrumpir, como un fantasma, como una sombra. Con el estigma de la duda, Calderón parece enfrentarse a un dilema, a un monstruo de muchas cabezas que esconde en la impunidad su verdadero rostro.

Pacifista y escritor ejemplar, dueño de un estilo único y de un conocimiento de la condición humana, las reflexiones de Zweig parecen traer al presente una sensación desaparecida por el caos. Sin freno, la violencia tendió su sombra en ciudades y pueblos; ahora en muchas entidades del país —Sinaloa, Nuevo León, Baja California, por citar algunas— algunas capas sociales parecen empezar a acostumbrarse a vivir con la violencia y perciben ese alterado estado como una forma normal de vivir. Aunque sea aplastante, creen que la realidad no puede cambiar. Es en esos momentos decisivos cuando el espíritu humano no debe decaer.

En otras ciudades la violencia se percibe de otra manera. La experiencia es más dolorosa. Aún están latentes las marcas perturbadoras que rasgaron el alma y golpearon las emociones, desacomodando su armonía. Estas heridas no cierran pronto. El ser humano tiene que asimilar la experiencia y superar el trauma. Y para lograrlo muchas veces deben de transcurrir muchos años.

En su libro autobiográfico *El mundo de Ayer*, Zweig abre su interior y muestra el desgajamiento que sufrió toda Europa por la guerra y, con su reflexión, atrae el aroma de un tiempo —el de la seguridad que vivió en su crepuscular Viena— que parece perdido en la actualidad.

Narra:

«…Quien tenía una casa la consideraba un hogar seguro para sus hijos y nietos; tierras y negocios se heredaban de generación en generación; cuando un lactante dormía aún en la cuna, le depositaban ya un óbolo en la hucha o en la caja de ahorros para su camino en la vida, una pequeña reserva para el futuro.

»En aquel vasto imperio todo ocupaba su lugar, firme e inmutable, y en el más alto de todos estaba el anciano emperador; y si éste se moría, se sabía (o se creía saber) que vendría otro y que nada cambiaría en el bien calculado orden. Nadie creía en las guerras, las revoluciones ni las subversiones. Todo lo radical y violento parecía imposible en aquella era de la razón.

»Dicho sentimiento de seguridad era la posesión más deseable de millones de personas, el ideal común de vida. Sólo con esta seguridad valía la pena vivir y círculos cada vez más amplios codiciaban su parte de este bien precioso. Primero sólo los terratenientes disfrutaban de tal privilegio, pero poco a poco se fueron esforzando por obtenerlo también las grandes masas; el siglo de la seguridad se convirtió en la edad de oro de las compañías de seguros. La gente aseguraba su casa contra los incendios y los robos, el cuerpo contra accidentes y enfermedades; suscribía rentas vitalicias para la vejez y depositaba en la cuna de sus hijas una póliza para la futura dote. Finalmente incluso los obreros se organizaron, consiguieron un salario estable y seguridad social; el servicio doméstico ahorraba para un seguro de previsión para la vejez y pagaba su entierro por adelantado, a plazos. Sólo aquel que podía mirar al futuro sin preocupaciones gozaba con buen ánimo del presente.»

¿Dónde está esa seguridad? ¿Qué pasó con ese mundo estable que daba confianza en el porvenir? ¿Por qué se vive hoy acechado por el peligro y amenazado por las erupciones de la delincuencia y de las crisis económicas? ¿Será posible tener un México en armonía, donde imperen la paz y la convivencia humana? ¿Hay posibilidades de que el país salga de la mar embravecida y llegue a buen puerto? Una estela de duda invade la figura presidencial. En medio del caos causado por el narcotráfico, la confianza parece estar seca, pero se resiste a morir. Es peor vivir en el vacío.

En materia de combate al narcotráfico, quizá ninguna experiencia ha resultado tan dolorosa como la colombiana. En la médula de los colombianos está grabada, con marcada hondura, la tragedia, el miedo y la incertidumbre. Con excepción del oprobio y el horror que derivaron de las dos guerras mundiales, que por otras razones acabaron con la garantía suprema de la seguridad en países estables, ningún otro pueblo ha sufrido con tanto dramatismo la violencia desatada por las elites que se empeñaron en sostener su hegemonía en el negocio de las drogas.

Al igual que en México, aunque con menor grado de violencia, en Colombia el narcotráfico entró en una etapa de reconfiguración que empezó hace poco menos de una década y sus logros convirtieron ese nuevo esquema de operación en un modelo a seguir por las organizaciones criminales de otros países, en particular las que operan en territorio mexicano. La nueva reingeniería del narcotráfico colombiano —cuya etapa final aún está aún en proceso— transformó a los grandes cárteles hegemónicos en verdaderas microempresas que, como maquinarias bien afinadas y aceitadas, operan con libertad y discreción la exportación de cocaína a gran escala.

Aunque las cabezas que las dirigen han optado por un funcionamiento de «bajo perfil», su capacidad de comercialización y de convencimiento para ampliar su cartera de clientes ya sorprende a propios y extraños, pues sus ganancias son multimillonarias y sus grandes operaciones pasan casi desapercibidas para las autoridades. Esto se debe, según la Policía Nacional de Colombia, a que funcionan como pequeñas células (o brotes de una epidemia nacional que ya contaminó a buena parte del empresariado colombiano) y no propiamente como un cártel con gran estructura criminal.

Después de la caída de los cárteles de Cali y Medellín, el narcotráfico en Colombia entró a una nueva realidad, quizá más apabullante: decenas de grupos comenzaron a surgir en todo el territorio colombiano, pequeños grupos dedicados al narcotráfico que, con el paso del tiempo, se transformaron en células criminales con dominios regionales y amplias conexiones hacia México, Estados Unidos, Europa y Asia.

Obviamente, algunos de ellos son en cierto sentido ramificaciones o extensiones de las poderosas organizaciones que dirigían Pablo Escobar Gaviria y los hermanos Rodríguez Orejuela, respectivamente.

En la actualiadad, el gobierno de Colombia, encabezado por el presidente Álvaro Uribe Vélez, ya no lucha con el *narcoterrorismo* desatado por Pablo Escobar, ni con las frecuentes amenazas y los «cañonazos» de dólares de los Rodríguez Orejuela, financieros de la mayoría de los presidentes de ese país. Uribe, a menudo señalado como militarista y cuestionado por su relación con George Bush, ahora tiene que tolerar las operaciones de por lo menos 250 nuevas agrupaciones asentadas en grandes, medianas y pequeñas poblaciones de Colombia. Estos pequeños grupos, que se multiplican por todas partes, cuentan con infraestructura de punta, como lanchas rápidas y amplias conexiones en Estados Unidos y México, por lo que el negocio del narcotráfico está convertido en una actividad más redituable y quizá menos violenta que en otros tiempos.

A diferencia de la estructura piramidal y poderosa que caracterizó a los dos históricos cárteles colombianos hoy desaparecidos —Pablo Escobar fue asesinado el 2 de diciembre de 1993 y los hermanos Gilberto y Miguel Rodríguez Orejuela fueron extraditados a Estados Unidos el 15 de marzo de 2005—, esta nueva generación de narcotraficantes entendió que la sobrevivencia en el negocio de las drogas depende de la discreción y, en buena medida, no sólo de mantener un bajo perfil, sino de evitar ser el centro de los reflectores nacionales e internacionales.

Pablo Escobar decidió morir —«prefiero una tumba en Colombia que la cárcel más lujosa en Estados Unidos», solía decir— que ser entregado a la justicia norteamericana; los Rodríguez Orejuela terminaron sus días recluidos en una prisión, después de haber llevado una vida de escándalos y derroche.

A 14 años de la muerte de Escobar Gaviria, quizá el más famoso y sanguinario capo colombiano, ahora en Colombia operan más de una centena de células criminales. De aquellos poderosos ejércitos de sicarios que, en el caso del cártel de Medellín, llegó a sumar a unos 3 mil gatilleros, se pasó a grupos que disponen de entre 30 y 40 hombres, según organismos de inteligencia consultados en Colombia. Sus características son muy diferentes a las que, hasta principios de la década de los noventa, se asociaban con los barones de la droga. Atrás, muy atrás, quedaron los sicarios con sombrero de ala ancha, gafas negras, collar de oro y pistolas cubiertas de diamantes. Tanto los capos como sus gatilleros ya no tienen necesidad de «pavonearse» ni de exhibir sus riquezas. Ahora se mueven a través de pequeñas oficinas clandestinas que en Colombia son conocidas como *boutiques*. Desde esos pequeños pero confortables centros de operaciones manejan sus negocios, como cualquier otro hombre de empresa.

Y es que el perfil de los integrantes de estos nuevos grupos mafiosos cambió de forma radical. A ellos se sumaron personas de clase media y alta para obtener dividendos del narcotráfico, un negocio cada vez más común en Colombia. No sólo son individuos de extracción popular quienes se benefician de esta actividad para conseguir «dinero fácil»; también se trata de empresarios que asumen la actividad como un renglón más para invertir o «capitalizarse», aunque más tarde terminen involucrados en las amplias redes del mundo de los negocios ilícitos.

De la misma manera, sus formas de operar y de actuar han sufrido modificaciones singulares. El uso de la violencia, por ejemplo, que daba protagonismo a los antiguos capos y que al mismo tiempo los delataba, cambió por la compra de voluntades para influir o presionar decisiones en la cúpula del poder. Estas pequeñas organizaciones ya no tienen un brazo armado, como del que disponían Escobar Gaviria (al que llamaba «Mi Ejército») y los hermanos Rodríguez Orejuela. Ahora subcontratan los servicios de gatilleros para ajustar sus cuentas. Como empresas modernas del narcotráfico, «maquilan» múltiples servicios, entre otros, el de dar muerte a sus enemigos, pues contratan a los gatilleros dentro de un mercado donde cada vez hay mayor oferta por matar a bajo costo y sin que se ponga en riesgo a la organización.

No es todo: los pequeños grupos tienen una bien aceitada división del trabajo. Esto debido a que la atomización de los cárteles dio nuevas formas al negocio: ahora cada red se especializa en una faceta dentro de la larga cadena de eslabones: producción, camuflaje, transporte, comercialización y lavado de activos. El cambio de rutas, la reutilización de las que habían sido desechadas y el cada vez mayor empleo de «mulas» son algunos de los giros dados por los nuevos narcotraficantes en el rubro del transporte.

De manera independiente trabajan los especialistas en productos químicos que aprovisionan los centros de producción. Después están los colaboradores financieros y administrativos, que se encargan de que a la gente de la producción no le falte nada, así como de cobrar y pagar los envíos de droga. La cadena continúa: siguen los que dominan las rutas terrestres, aéreas y marítimas. Los informes de inteligencia tienen detectado que, al interior de las organizaciones, más de 50 estructuras son responsables de esta labor.

La nueva empresa del narco es sui géneris: cada uno de sus miembros tiene una especialización y muchos de ellos trabajan en celdas. La vigilancia es estricta y se evita la comunicación entre cada uno de los empleados; es decir, una persona que labora como cocinero jamás conocerá a otro que trabaja en la oficina de contabilidad. Esto asegura al capo que su organización esté protegida frente a las delaciones y traiciones que a menudo se presentan en el mundo de la mafia.

Existen otros asesores que ayudan a la organización a comprar las armas, tan útiles en este negocio; además, les consiguen los elementos (todos los insumos) para procesar la coca y no faltan las mujeres para las diversiones a puertas cerradas que suelen organizar luego de cerrar exitosamente un negocio. Según los informes de la Policía Nacional de Colombia, ésta es la función de los asesores de los nuevos narcos colombianos: «Los asesores sirven para todo, desde conseguir una orquesta y mujeres de la vida galante para una parranda, hasta comprar propiedades en otros países».

El contacto con mafias de Italia, España y Japón le ha dado un carácter trasnacional a las nuevas organizaciones colombianas y, en esa misma medida, las funciones se han repartido. Los capos colombianos han tejido una amplia red de relaciones internacionales, al estilo de los mejores hombres de empresas del mundo.

Conocedores de que la ruta por México es una de las más seguras para llegar al mercado norteamericano, los nuevos cabecillas del narco en Colombia se han esmerado en estrechar sus vínculos con los cárteles mexicanos, sus principales clientes, cuya sociedad —debe decirse—

sigue siendo la más importante para introducir sus cuantiosos cargamentos de cocaína a Estados Unidos.

El abastecimiento de droga proveniente de Colombia está en ascenso. No sólo se han multiplicado los grupos de narcotraficantes en Colombia, sino que muchas de estas microempresas de la cocaína tienen representaciones en México, pues no sólo han extendido sus redes y complicidades, sino que disponen de varias puertas de entrada para el arribo seguro de los cargamentos de cocaína, como puertos, aeropuertos, pistas clandestinas y hasta pequeños atracaderos del Pacífico —el puerto de Lázaro Cárdenas, en Michoacán sirve para la llegada de lanchas rápidas que llegan a territorio mexicano hasta con cuatro toneladas de coca, luego de hacer un largo recorrido de más de 6 mil kilómetros de litoral—. También utilizan submarinos, que llegan a las costas mexicanas repletos de droga.

De lo anterior da cuenta el informe *Narcotráfico, estructura Colombia*, elaborado por la Dirección Central de la Policía Judicial, área que depende de la Policía Nacional de Colombia. El documento detalla el funcionamiento de la llamada nueva generación de narcotraficantes colombianos y cómo introducen la droga a México, en cuyas operaciones cuentan con la complicidad de autoridades migratorias adscritas al Aeropuerto Internacional de la Ciudad de México:

En la actualidad, los grandes cárteles han sido desarticulados, aquellas personas que anteriormente dominaban el negocio de las drogas han sido capturados, asesinados o se encuentran huyendo de las autoridades, siendo en su mayoría solicitados en extradición por parte de los Estados Unidos; en la actualidad observamos que son indeterminadas las organizaciones existentes, observamos pequeñas células que tienen la capacidad de ubicar estupefacientes en Norteamérica y Europa sin depender de un capo. Asimismo, el modus operandi *de este delito es muy variado y dinámico (pues) se utilizan diferentes rutas y métodos para el envío de droga, ya sea marítima, aérea o terrestre.*

De acuerdo con el informe de la Policía Nacional de Colombia, que les ha seguido la pista a varios grupos exportadores de cocaína, *uno de los métodos más utilizados para el tráfico* (de cocaína base) *son las lanchas rápidas, las cuales tienen capacidad hasta de 3 toneladas...* La travesía marítima es accidentada, pero segura, según expone el informe, porque reciben apoyo en alta mar de buques con bandera de otros países: *Sa-liendo del Pacífico colombiano hasta las costas de Centroamérica, principalmente México, durante el trayecto (las lanchas) son aprovisionadas por buques de Nicaragua, Costa Rica, Guatemala que hacen ver que se encuentran pescando mientras pasa la lancha. Se han detectado colombianos, principalmente de la costa Pacífica, con gran cantidad de salidas de México pero sin demostrar entradas, lógicamente esta actividad se cumple con la complacencia de las autoridades de este país...*

La marítima, de acuerdo con el informe policiaco, no es la única vía de transporte utilizada por los nuevos capos colombianos para enviar sus embarques de cocaína a México. La aérea es otra de las alternativas más socorridas para el traslado de cocaína. Así lo precisa el informe: *Otro de los métodos utilizados con más frecuencia es la vía aérea por los aeropuertos de Colombia. La droga va camuflada en frutas, flores u otros materiales de exportación. Esta actividad también se realiza con la complacencia de las autoridades de ambos países* (México y Colombia).

A diferencia del poder y de la violencia que ejercían los cárteles de Medellín y Cali, ahora el gobierno colombiano parece tener mayores problemas que antes para controlar el trasiego de droga en Colombia, y también para frenar la exportación de cocaína, la cual está en constante ascenso. El documento de inteligencia de la Policía Nacional analiza el incremento del narcotráfico en Colombia y los problemas para su combate: *La Policía Nacional observó que con la desarticulación de los macro cárteles* (Medellín y Cali) *se acrecentó el delito en otros sectores del país, apareciendo innumerables micro cárteles que asumían el envío de los estupefacientes; éstos realizaban envíos de menor cantidad pero de una manera más constante. En la actualidad los narcotraficantes son más dados a la diplomacia y a la creación de empresas fachada, pues sus operaciones están en mayor medida basadas en la corrupción a funcionarios públicos, dejando atrás los actos violentos que ocasionaron su destrucción.*

(Este) aspecto obligó a direccionar (una) estrategia, creando diferentes grupos en el país para contrarrestar este flagelo. Dentro de las especialidades que se encargan de combatir este delito se encuentran la Policía antinarcóticos encargada de la destrucción de laboratorios y erradicación de cultivos, siendo apoyada por la Dirección Central de Policía Judicial, la cual investiga y desarticula estas

organizaciones criminales; estas actividades se vienen cumpliendo con la ayuda
de la Embajada Americana y la Agencia Antidrogas DEA.

A pesar de que los nuevos funcionarios responsables de la política
criminal de Colombia tienen detectadas las operaciones de los llamados microcárteles, la exportación de cocaína a través de México sigue
en jauja. Y es que el *boom* de las drogas en México —que además de
ser el trampolín hacia Estados Unidos también cobra importancia
como un mercado de consumo que tiende a potencializarse— no puede explicarse sin la presencia de los grupos colombianos, quienes lograron transformarse.

Según los informes de la Policía Nacional, las nuevas células del
narcotráfico en Colombia han establecido importantes relaciones con
los cárteles mexicanos, pues muchos de sus principales operadores están asentados en México, y se asegura que sus vínculos comerciales son
tan estrechos que no rivalizan con ninguno de los capos mexicanos,
aunque entre éstos impere el antagonismo y el encono por la disputa
de rutas y mercados potenciales como Michoacán, Baja California Sur,
Sinaloa Tamaulipas y Nuevo León.

En estos estados del país, caracterizados por ser asiento de las principales organizaciones criminales, es donde con mayor intensidad estalló la violencia del narcotráfico, pues ambos grupos se mantienen en
choque desde enero de 2001, cuando Guzmán Loera se fugó del penal
de Puente Grande y empezó a ganar terreno, al consolidar al cártel de
Sinaloa como la organización más poderosa que opera en México y
que goza de un poder transexenal (en el pasado reciente, a Guzmán se
le conoció como *El Capo del Sexenio*), pues no sólo alcanzó hegemonía e impunidad durante la administración de Vicente Fox, sino que
tales privilegios se mantienen aún en el gobierno de Felipe Calderón.

Pero a los proveedores colombianos no parecen importarles tales
enfrentamientos, a pesar de que durante el sexenio foxista cobraron
más de 2 mil vidas. Ellos abastecen a todos sus clientes sin distingo,
siempre que cumplan con los pagos, pues de lo contrario pierden no
sólo su historial crediticio, sino la confianza, dos credenciales que los
capos y los cárteles se ganan con el paso del tiempo y mediante sus
buenas relaciones comerciales con sus proveedores.

Los microempresarios del narco

En materia de extradiciones, el camino legal seguido por México ha sido largo. En buena medida, el gobierno mexicano va siguiendo los pasos de Colombia, país que a principios de los años noventa decidió extraditar a los principales capos de la droga a Estados Unidos. El gobierno colombiano consideraba que ésa sería la panacea para acabar con los cárteles de la droga. No fue así.

A pesar de que Colombia ha extraditado a cerca de 600 personas a Estados Unidos, bajo acusaciones de narcotráfico y lavado de dinero, el negocio del narcotráfico sigue boyante e inmerso en una dinámica más empresarial y con menos proclividad a la violencia.

Con las extradiciones como instrumento esencial, el gobierno de Colombia logró, en efecto, desarticular a los cárteles de Medellín y Cali, pero el problema se complicó: surgieron cientos de pequeños y sofisticados cárteles, lo que puso en evidencia las fallas del recurso de las extradiciones como arma para combatir el narcotráfico.

No obstante el fracaso colombiano en la batalla de las drogas, los titulares de la PGR y de la Secretaría de Seguridad Pública Federal —Eduardo Medina Mora y Genaro García Luna, respectivamente— han buscado asesoría y consejos en el gobierno de Colombia, para afinar sus estrategias de combate contra al crimen organizado en México, cuya violencia ya evidenció la incapacidad de las autoridades mexicanas.

Cabe decir que ésta es la primera vez que funcionarios de México se acercan al gobierno de Colombia para intercambiar información sobre el crimen organizado. Obviamente, resulta paradójico que, siendo

Colombia el país proveedor de drogas y México paso obligado de éstas, no existieran puentes de comunicación entre las autoridades de ambos países.

Bajo la presión de Estados Unidos, Colombia es el país que más uso le ha dado al recurso de las extradiciones como instrumento contra el narcotráfico. Y en la historia reciente es el actual presidente de Colombia, Álvaro Uribe Vélez, el que más capos ha extraditado a Estados Unidos: ha ordenado 458 extradiciones.

Bajo estas decisiones, por ejemplo, fueron extraditados los hermanos Gilberto y Miguel Rodríguez Orejuela, así como los jefes guerrilleros de las Fuerzas Armadas Revolucionarias de Colombia (FARC), Ricardo Palmera, *Simón Trinidad* —acusado del secuestro de tres personas en el año 2003—, y Omaira Rojas. Ambos tuvieron que abordar un avión de la DEA que los llevó a un viaje sin retorno.

Pero a la vuelta de los años, en Colombia el método de las extradiciones ha resultado un fracaso. Según información de la Dirección de Policía Judicial e Investigación (DIJIN), alrededor de 380 organizaciones ahora operan el negocio de las drogas en Colombia, donde son ampliamente conocidos como *Baby Cártels*.

Estos pequeños grupos encontraron en la red de cárteles mexicanos a sus mejores aliados para transportar grandes volúmenes de cocaína a Estados Unidos.

Muchos son los grupos y las nuevas cabezas del narcotráfico que emergieron en Colombia en los últimos diez años. Con algunas excepciones, la mayoría de esta nueva generación no rebasa los 40 años de edad y su notoriedad estriba en que, como cabezas de pequeños cárteles, ya tienen alcances internacionales, pues han establecido alianzas estratégicas en varios países, entre los cuales se incluye a México como el principal «puente» para cruzar los cargamentos hacia Estados Unidos.

De acuerdo con los informes secretos de la Policía Nacional de Colombia, que investiga las operaciones de estos narcos, así como su expansión dentro y fuera de Colombia, entre las organizaciones que ya alcanzaron mayor dominio en el negocio de las drogas figuran las que operan en la ciudad de Barranquilla —famosa por el envío de aviones con droga hacia México— y destaca la que encabeza Luis León Sánchez, conocido como *Pompo León*, quien es uno de los *narcoempresarios* más maduros de esta nueva camada: tiene 51 años de edad.

Este narcotraficante nació el 21 de septiembre de 1955, mide 1.65 metros y es casado, según establece la ficha que sobre su historial dispone la Policía colombiana. En los informes de inteligencia se detallan algunos de los antecedentes más notables de su vida criminal. En el apartado titulado *Anotaciones de Inteligencia*, por ejemplo, se afirma: «Al parecer, estaría vinculado con integrantes de las autodefensas, quienes le brindarían protección personal (tanto a él como) a sus familiares en el departamento de La Guajira».

El informe cita otros datos sobre sus ligas criminales: «Tiene vínculos con alias Chito Daza, hermano de Wilson Gabriel Daza Mejía, alias El Gabi Daza», ex integrante de la banda sicarial de los *Alcatraces*. Uno de sus principales contactos en Venezuela es Franklin, quien constantemente sostiene comunicación con alias Chito Daza, Gabi Daza y Johnny Holguín Pardo, quien al parecer sería ex agente de la Policía».

Luis Alfonso León Sánchez creció a la sombra del capo Alberto Orlandez Gamboa, jefe del cártel de la Costa, conocido en Colombia como *El Caracol*, de quien fue colaborador cercano durante una parte de su vida criminal. Orlandez fue capturado en Barranquilla en junio de 1998; varias cortes estadounidenses lo solicitaban, desde tiempo atrás, para juzgarlo por los cargos de narcotráfico (en varias modalidades) y lavado de dinero. Fue extraditado a Estados Unidos el 18 de agosto de 1991. Durante sus años de esplendor, encabezó una de las organizaciones más boyantes dentro del narcotráfico: el llamado cártel de la Costa. Como cabeza de ese cártel, Orlandez transportaba unas 30 toneladas de cocaína al mes hacia los mercados de Europa, Estados Unidos y México. Sus principales rutas para el trasiego de droga eran Jamaica, Aruba, Haití y Curazao.

Tras la caída de *El Caracol*, Luis Alfonso León Sánchez, uno de sus principales alumnos y socios, cobró amplia notoriedad no sólo por la habilidad mostrada, sino porque pudo enderezar exitosamente una de las organizaciones más importantes del tráfico de droga hacia Estados Unidos, a través de México. Sus antecedentes dan cuenta de sus alcances como *narcoempresario*: «Domina la ruta de tráfico a través de Alta Guajira, pasando por aguas internacionales de Venezuela, Estados Unidos y Europa, especialmente España».

La estructura criminal de Alberto Orlandez Gamboa era amplia y varios de sus principales operadores ahora son importantes exportadores de droga. Es el caso de Francisco José Romano Navarro, identificado como «hombre de confianza» de *El Caracol*: se hacía cargo de la parte financiera de la organización criminal.

Ahora lidera una importante célula de narcotraficantes en la Costa Atlántica, donde funge como operador financiero. Según la división antinarcóticos de la Policía Nacional, la que él encabeza «es una de las organizaciones más completas» de esa región, ya que posee una red de encargados por cada una de las fases del negocio: desde la producción de drogas hasta el lavado de dinero.

Y es que dentro de la agrupación criminal, Romano Navarro tiene una bien organizada distribución del trabajo que desempeñan sus empleados. El organigrama en poder de las autoridades antinarcóticos expone que, además de tener varios socios —algunos de ellos son Jesús Casariego, Lacides Pinto Vázquez y Carlos Chiriboga Rojas—, la narcoempresa cuenta con un frente administrativo y jurídico representado por Ismael y Guillermo Rueda; un área de producción, encabezada por Teodoro Fonseca, así como un departamento de tráfico cuyos encargados son Ángelo y Gino Conti Herrera y Danilo Caballero Pavón. La logística está a cargo de Marcos Gómez y Carlos Núñez Bermúdez. La estructura militar está bajo el mando de los hermanos Bustos. Y como toda empresa dedicada al narcotráfico, la de Romano Navarro dispone de una amplia lista de sicarios: tiene un total de 19 gatilleros y cuenta con 25 testaferros, entre ellos 20 mujeres, 150 colaboradores y 6 empleados más que en el organigrama criminal están registrados como «personal de apoyo».

El microcártel dirigido por José Romano Navarro ha tenido un crecimiento vertiginoso en el mundo del narcotráfico, pues es una de las organizaciones que cuenta con estrechos contactos con cárteles y autoridades mexicanas. El informe de inteligencia de la Policía de Colombia explica que este capo de la droga «utiliza containers (contenedores) para transportar la droga a diversos destinos internacionales». La organización criminal —según el mismo documento— suele camuflar sus envíos de cocaína entre importantes cargamentos de mercancías de exportación. Uno de los productos a los que con mayor frecuencia recurren para ocultar los estupefacientes es el azúcar, la cual envían a México por vía marítima, entre cuyos bultos viene escondida la droga.

Los informes de inteligencia señalan que en Barranquilla también opera otra organización encabezada por Carlos Alejandro Zambrano Stacey, conocido como *Carlín Zambrano*. Se trata de un personaje que en el mundo social se presenta como empresario y está relacionado con políticos importantes de Colombia. Las anotaciones de la policía colombiana refieren los siguientes datos sobre la vida de este empresario del narcotráfico:

«(Es) narcotraficante de la Costa Atlántica, dedicado al lavado de activos en la ciudad de Barranquilla y la Costa Atlántica. Tiene vínculos familiares con el ex gobernador de Magdalena, Jorge Luis Caballero Cabellero, a quien había apoyado económicamente en su campaña electoral. Se conoce que le exige contraprestaciones para obtener beneficios referentes al otorgamiento de contratos relacionados con el área de comunicaciones».

Entre el patrimonio económico de Zambrano Stacey que la policía colombiana tiene acreditado como de su propiedad, figura «la central de Beeper C.Z. Comunicaciones de Barranquilla, ubicada en el edificio Plaza de las Palmas de la calle 72 No. 38-186, primer piso...» Esta empresa, de acuerdo con los informes policiacos, tiene sucursales en Cartagena y otras ciudades importantes. Según esos mismos informes, otra empresa que Zambrano utiliza para el lavado de dinero es Visión Tech Ltda., la cual está ubicada en la calle Carrera 57 No. 74-84 de Barranquilla (Atlántico).

Y entre las relaciones políticas más importantes de Carlos Alejandro Zambrano destacan la que mantiene con el senador Samuel Moreno Rojas, «quien al parecer tiene vínculos con el narcotráfico», asienta el informe.

El reporte de inteligencia de la DIJIN incluye una lista de perso-

113

nas que forman parte de la organización criminal encabezada por Zambrano Stacey. Entre otros, se menciona por ejemplo a Italo Giovanny Cianci Vega, también conocido como *Gancho* o *Móvil*; figura Gabriel Ignacio Losada, *Manotas*; Álvaro Nicolás Abuchaibe Slebi, Jairo Escobar María, César Elías Molina María, Jorge Luis Caballero Caballero (el ex gobernador de Magdalena), Samuel Moreno Rojas (senador), José Dumar Dinas, Jairo Navarro, Alfonso Contreras, así como otros dos personajes señalados en el informe como *Mañe* y *Kene*.

Este grupo criminal tiene, de acuerdo con los expedientes de la Policía Nacional colombiana, un modus operandi muy singular: «Invierte grandes sumas de dinero provenientes del narcotráfico en la economía nacional, básicamente en la ciudad de Miami (Estados Unidos). Dichos capitales son enviados mediante cheques girados en dólares a Colombia, para ser cambiados en pesos en la Costa Atlántica».

Amilkar Rafael Barros Gómez, conocido en el mundo de la mafia como Roberto Andrés Higgins Robles o *El Toty* Barros, encabezaba una de las organizaciones mejor acabadas hasta mayo de 2005, poco antes de ser detenido por autoridades antinarcóticos de República Dominicana, hasta donde llegaban sus dominios como «empresario», su principal tarjeta de presentación.

Y es que Amilkar se hacía pasar como comerciante y ganadero, aunque su verdadera actividad era el narcotráfico y el lavado de dinero. Este personaje, uno de los más buscados dentro y fuera de Colombia, nació en la comunidad de Riohacha (La Guajira), Colombia, el 31 de mayo de 1959, de acuerdo con los datos registrados por la Policía Nacional.

Según los datos de la DIJIN y del área antinarcóticos de la Policía Nacional, antes de ser aprehendido, el famoso *Toty* Barros estaba en plena expansión: desde Barranquilla, dirigía una organización dedicada al tráfico internacional de cocaína, con amplios dominios en los puertos de La Guajira. Sus redes y complicidades también estaban asentadas en el municipio de Tolú (Sucre), desde donde embarcaba múltiples cargamentos de droga con destino a Estados Unidos y a varios países europeos.

La mayoría de las coordinaciones y transportes de estupefacientes los realizaba por mar y a través de embarcaciones que arribaban a los muelles del barrio Las Flores, en Barranquilla.

En su etapa de esplendor se consideró que Amilkar Rafael Barrios tenía amplios contactos con redes de lavado de dinero. El informe de la policía sobre sus actividades dice al respecto: «Tiene contactos en Santa Marta, quienes residen en el edificio Torres de Colón, encargados de ingresar al país, vía marítima, el dinero producto de sus actividades ilícitas. Buena parte de las ganancias son blanqueadas a través de negocios comerciales que tiene a nombre de terceras personas, en especial en el Centro Comercial Miami y San Andresito de Barranquilla». También se identificó que el capo —y sus socios —lavan otra parte de sus cuantiosas ganancias en la casa de cambio «Darío».

Desde finales de los años noventa empezó a ser perseguido dentro y fuera de Colombia. El 25 de enero del 2000, como ya se dijo, fue capturado en compañía de su esposa Gloria Meriño Visbal y Nadin Manzur Cárdenas, dentro de la operación policiaca llamada «Orquídea ll». En esa ocasión se le incautaron 60 kilos de cocaína, armas, computadoras y documentos.

Estuvo recluido en la cárcel municipal de Sabanalarga (Atlántico), pero la prisión no frenó el crecimiento de su negocio, pues gozaba de privilegios: «Tenía permisos extramuros —dice el informe policiaco—, situación que fue aprovechada para continuar ejecutando actividades de narcotráfico y envíos de droga a los Estados Unidos y Europa».

Barros Gómez tenía una gran movilidad que no perdió ni con el transcurso del tiempo. Era un narcotraficante evasivo, pues manejaba varias identidades, que lograba acreditar con documentación apócrifa, y ésa era una de sus mejores estrategias para evadir la acción de la justicia. Los informes de inteligencia detallan cómo se movía entre Colombia y Panamá, sus principales refugios y puntos clave para contactar clientes y comprar protección:

«El 28 de noviembre de 1999, viajó en un vuelo comercial de la aerolínea Copa con destino a Panamá, en compañía de Roberto Rodríguez Guillén, alias Tico, hermano de Iván Rodríguez, capturado por narcotráfico, quienes realizarían coordinaciones para transportar estupefacientes.

»En esa oportunidad, se identificó como Roberto Andrés Higgins Robles, con pasaporte y cédula de ciudadanía No. 72.184.151, produciéndose su regreso el 1 de diciembre de 1999. En ese mismo año salió en más de 5 ocasiones, ingresando desde Panamá en dos ocasiones únicamente. Es de anotar que la cantidad de salidas no coinciden con las de entrada, por lo que se supone que ingresó a Colombia por otro lugar distinto a la ciudad de Barranquilla.»

Desde el año 2003, los días de Barros Gómez empezaron a estar contados. En diciembre de ese año, fue capturado por agentes de la DEA en el aeropuerto de Haití, donde se le encontraron documentos de identificación venezolanos. En esa ocasión, la policía colombiana detectó presuntos actos de corrupción de los funcionarios de la DEA, quienes lo habrían dejado ir supuestamente a cambio de una suma de dinero, hecho que se acreditó, tiempo después, mediante un informe policiaco, el cual establece: «Al parecer, los miembros de la DEA habrían recibido 800 mil dólares por no hacer efectiva su captura». Posteriormente, a Barros Gómez se le vio de nuevo en Barranquilla, a bordo de un vehículo «tipo taxi», en el que se movía con la finalidad de mantener su bajo perfil.

Amilkar Rafael Barros era socio de Manuel Enrique Torregrosa Villanueva, conocido como *Chang*, quien fue detenido en Colombia en mayo de 2006. Al momento de su aprehensión, Torregrosa Villanueva o Torregrosa Castro —como también se hacía llamar— portaba documentos falsos que lo identificaban como Manuel Antonio Castro. Este narcotraficante, de acuerdo con la Policía Nacional de Colombia, comenzó su carrera delictiva al lado de *Toty* y en los últimos cinco años operaba en Venezuela, país que bajo el régimen de Hugo Chávez otorgó facilidades a los narcos colombianos para operar, lavar dinero y refugiarse.

El famoso *Chang* era el segundo hombre más importante en el mando de la estructura de la banda conocida como *Los Alcatraces*. Se responsabilizaba de contactar a los pasantes de droga en los aeropuertos de Barranquilla y Cartagena, desde donde enviaba sus cargamentos de cocaína.

Como parte de la nueva generación de narcos con bajo perfil, la

Policía Nacional también identifica a Wilmer Ignacio Guerrero Ibáñez, *Nacho* o *El Cabo*. Este microempresario de la cocaína nació el 10 de octubre de 1969 en Barranquilla. Según los datos de inteligencia de que dispone el área antinarcóticos de la Policía colombiana, se tienen registros de que junto con Alexander Molina Cotamo, *El Pingo* (quien hasta mayo de 2006 tenía vigente la orden de aprehensión número 0003661, girada por la Fiscalía Antinarcóticos por el delito de narcotráfico), participaron en el homicidio de Óscar Ocampo Ortiz, también llamado *Moncho*, cabecilla de un grupo de autodefensas en el Atlántico, «quien habría afirmado que Nacho (Guerrero Ibáñez) habría delatado un cargamento de droga incautado por las autoridades en (la) jurisdicción del municipio de Turbalá».

Además del tráfico de cocaína, en la biografía delictiva de Guerrero Ibáñez sobresale otro antecedente acreditado por las autoridades colombianas, el cual señala:

«Colabora con los grupos de autodefensas y en ocasiones con la Fuerza Pública, ya que se relaciona con miembros de la Institución, (a) los cuales mantiene al tanto de (las) actividades ilícitas que se van a desarrollar». Por lo menos hasta poco antes de su captura, en mayo de 2005, se desempeñaba como jefe de seguridad de Amilkar Rafael Barrios, *El Toty*.

Miguel Villarreal Arcilla, *Salomón*, figura en la lista de los nuevos capos de la droga en Colombia. Su bajo perfil lo detalla el propio informe policiaco, al describir cómo se moviliza este personaje para no ser detectado: «Se moviliza en un Mazga 121 de placas LUD 253, Toyota Hilux gris titán de placas QGX 161». Para evitar correr riesgos, nada parece estar a su nombre. El primer vehículo, según datos de la oficina de tránsito local, está registrado a nombre de uno de sus socios: Demse Arcadio Archibold Hooper, identificado con la CC No. 72.198.136 de Barranquilla; es residente de la calle 35B No. 20-95 de esa ciudad colombiana.

Como otros narcotraficantes de la llamada «nueva generación», Miguel Villarreal también creció en el negocio del narcotráfico al amparo de *El Toty*. A este personaje se suma Gabriel Enrique Martínez González, un hombre que en los informes policiacos es descrito como «de piel morena, cara redonda y cabello chino casi pegado al cuero cabelludo». Un dato más de inteligencia expone: «junto con Frank Soto Flórez son los encargados de la seguridad tanto de los cargamentos de droga como de *Toty* y sus familiares». Martínez González tiene una orden de aprehensión vigente (esto hasta mayo de 2006) girada por la Fiscalía Especializada Antinarcóticos de Intercepción Marítima, del 19 de septiembre de 2003, por el delito de narcotráfico.

En la red de Amilkar Rafael Barrios también se registra Juan Carlos Pacheco Aragón, quien es «el encargado de efectuar (las) coordinaciones y de manejar las finanzas de la organización». Vive en Barranquilla. El informe de la policía antinarcóticos detalla una enfermedad que lo aqueja: «Es de resaltar que sufre de úlcera gástrica y debe tomar permanentemente una droga que se llama Lansopec».

Y sobre su patrimonio, el mismo documento agrega: «Su esposa (Martha Manssur Cárdenas) es propietaria de inmuebles en Barranquilla y de dos taxis, uno de ellos afiliado a la estación Olimpia, conducido por una persona de nombre Jairo y el otro por (un individuo) de apellido Molina». Entre otras empresas, es propietario de la distribuidora de carnes «Coma Carne», administrada por Nadin Manzur (su cuñado), quien forma parte de la organización delictiva. También es dueño del restaurante «Don Pepe» y de varios inmuebles.

Nadin Manzur, el cuñado de Pacheco Aragón, tiene la identificación CC. No. 72.137.259 de Barranquilla. Este personaje está ligado al lavado de dinero y al tráfico de drogas. El informe de la Policía Nacional de Colombia incluye una ficha del narcotraficante, la cual se traduce en un verdadero retrato del capo, algo inusualmente visto en la ficha de un delincuente: «Mide 1.79 metros, es de tez morena, contextura gruesa, cabello ondulado negro, frente amplia, cejas arqueadas y pobladas, ojos grandes negros, nariz y boca grandes, mentón caído, orejas medianas y lóbulo abierto».

Manzur también formaba parte de la banda de *El Toty*. El documento refiere que fue capturado el 25 de enero del año 2000 «en compañía de Gloria Meriño Visbal y Amilkar Rafael Barros», aunque en otro apartado el mismo documento señala: «Reside con su señora madre Mariela en la (calle) Carrera 41 No 52-96, teléfono 3704319, apto. 404, complejo urbanístico Torres de Don Alejo de Barran-quilla».

La estructura empresarial asentada en Barranquilla, Colombia, tie-ne a otro personaje notable en el negocio de las drogas: Fernando Ál-varez Peralta. En su ficha criminal aparece que «es esposo de Irina Yen-si Cecilia Pinzón y que tiene su residencia en Carrera 77 No. 88-07 o Carrera 73 No. 88-05 C5, M2».

Las anotaciones de inteligencia resaltan su relevancia en el agitado mundo de la mafia: «Tercero al mando de la estructura, encargado de adquirir los estupefacientes para el tráfico internacional». Operaba el envío de drogas junto con Juan Carlos Pacheco Aragón y, de acuerdo con el informe, «se tiene conocimiento que viaja constantemente a Pa-namá y Jamaica (dos de sus principales escondites). La última vez que viajó desde Bogotá o Cartagena, fue en octubre de 2001 y regresó el 23 de diciembre de ese mismo año. Otro dato: «En 1999, tuvo pro-blemas con la pérdida de 6 kilos de cocaína en su residencia; los úni-cos que sabían que la droga se encontraba en la casa era tres familiares: Fernando, Yensi (su esposa) y Pedro Álvarez», su hermano.

Por lo que expone el propio informe del área antinarcóticos de la Policía Nacional de Colombia, la mayoría de los nuevos capos de Ba-rranquilla crecieron a la sombra del famoso *Toty*, Amilkar Rafael Ba-rros, cuya estructura criminal permanece activa a pesar de su encarce-lamiento, pues entre otros personajes importantes de esa organización regional figuran Roberto Rodríguez Guillén, *El Tico*, quien dentro de la organización «es el encargado de establecer contactos con personas de las embarcaciones para enviar droga», asienta el informe de inte-ligencia.

La estructura encabezada por este personaje es amplia. Hasta no-viembre de 1999 formaba parte de la organización Iván Rodríguez Guillén, su hermano, quien fue capturado durante la puesta en marcha del operativo «Orquídea». Iván laboraba en la empresa «Cementos Ca-ribe», reparando turbinas de los buques de la compañía. Como miem-bro activo del microcártel, Iván Rodríguez, según la Policía Nacional, tenía visas «para todas partes del extranjero», pues viajaba con frecuen-cia en busca de clientes y contactos para la exportación de cocaína.

Otros socios de Roberto Guillén son Jaime Moreno, «encargado de transportar pequeñas cantidades de droga desde el departamento de Magdalena» y un sujeto que en el reporte policiaco sólo es mencionado como *El Doctor* o *Carlos*. En la lista figura Gustavo Porras, ex policía, señalado como integrante de la banda de Los Alcatraces, cuyo jefe es Javier Acosta.

En Barranquilla aún sigue operando la banda que encabeza Yuri Fresib Rodríguez Saab, *La Araña*, quien encabeza el llamado Frente Social en Bolívar. Este sujeto está acusado del asesinato de un informante de la DEA y de haber participado en la devolución de un cargamento de cocaína que fue hurtado. Su grupo, cuyos miembros fungen como sus testaferros, está conformado por Ángel Darío Palomino Pretil, Lloradla Díaz Nadia, Jairo Darío Altamiranda Ponce y Abdalá Yorala Suárez. Sus contactos en el extranjero son dos personajes identificados por sus alias: Miguelito y Aido, quienes radican en Panamá y Jamaica, respectivamente.

El cártel liderado por Yuri Rodríguez mueve sus cargamentos de cocaina por mar, a bordo de embarcaciones que ellos mismos construyen en sus propios talleres y que tienen una capacidad de carga superior a las dos toneladas y media. Para el envío de droga utilizan la ruta Barranquilla-Venezuela-Panamá-Jamaica-Trinidad y Tobago-Costa Rica, Curaçao-Estados Unidos. Para llegar a este último país, el grupo criminal necesita cruzar por México, donde una discreta seguridad pone a salvo la mercancía. Su forma de operar es conocida por la Policía Colombiana. En su informe detalla: «Utilizan como sistema de trabajo el cargamento de droga en tulas (bolsas de algodón o lona), contratan a los pescadores del barrio Las Flores de Barranquilla y cargan en Tolú», municipio comercial y turístico del departamento de Sucre. La organización se dedica al tráfico internacional de estupefacientes mediante la modalidad de «pasantes de droga», a través de los aeropuertos Ernesto Cortizzos y Rafael Núñez, ubicados en las ciudades de Barranquilla y Cartagena, Colombia, respectivamente.

En la amplia lista de capos de la cual dispone la Policía colombiana, también se incluye a Juvenal Paz Palacios, personaje que encabeza varias células criminales. Este microempresario de la cocaína comenzó sus actividades delictivas durante la llamada *Bonanza Marimbera,* como se le conoce en Colombia a la etapa de mayor siembra y producción de mariguana, que tuvo su fase boyante en los años setenta y buena parte de los ochenta. Según los informes de inteligencia, Paz Palacios creció a la sombra de la familia Valdeblánquez, conocidos sicarios con un largo historial delictivo en Barranquilla.

Pero cuando los Valdeblánquez cayeron en desgracia, Juvenal Paz se asoció con el narcotraficante Alberto Orlandez Gamboa, *El Caracol,* cabeza de una empresa criminal dedicada a la exportación de cocaína y uno de los primeros narcos extraditados a Estados Unidos, en el 2000, por el gobierno colombiano. Desde marzo de 2003, Orlandez purga una condena de 40 años de prisión, impuesta por un juez estadounidense. Juvenal Paz también se dedica al lavado de dinero. Es dueño de una amplia red de empresas y propiedades, las cuales utiliza como instrumentos para «blanquear» sus ganancias ilícitas, producto del tráfico de drogas.

Juvenal Paz no opera solo. Entre sus principales socios destacan Amadh Issa, conocido como *El Turco Juancho*; Gustavo Adolfo Rey Soto, industrial de Barranquilla, propietario de la compañía Taxi Aéreo Caribeño Ltda. y Taca Ltda., dedicadas a la prestación de servicio aéreo comercial en la modalidad de taxi aéreo. De acuerdo con los antecedentes de que dispone la Policía de Colombia, su principal colaborador es el contador público Santander E. Gómez Medrano.

Las autoridades de Colombia también destacan a un personaje que en los informes sólo es mencionado como *Cheo,* de quien se sabe es jefe de una organización de narcotraficantes que delinque en la Costa Atlántica y que cuenta con amplias coordinaciones en Barranquilla. Se afirma que el famoso *Cheo* utiliza la vía marítima, pues dispone de una flotilla de lanchas rápidas para el envío de importantes cargamentos de cocaína. Y sus ganancias, que alcanzan cifras multimillonarias, son «lavadas» en sus propios negocios, ya que en poco tiempo ha logrado amasar una gran fortuna: posee lotes de autos, pescaderías y almacenes legalmente constituidos para esos fines. Tanto en el narcotráfico como en los negocios lícitos, sus principales socios son: Carlos Alberto Bello Cantillo, Francisco Leal Correa, *Pacho,* Jorge Enrique Bustamante

Ochoa, *Cahetes*, y Raúl Serranobriter. Este último tiene una misión especial: es el encargado de transportar la droga.

No menos importante es la organización de José Álvaro Castro Pachón, conocido como *Mompri*, la cual se dedica al lavado de dinero producto del narcotráfico. De acuerdo con las investigaciones realizadas en Colombia, este individuo también tiene su base de operaciones en Barranquilla. Como instrumentos de su actividad utiliza varias empresas «pantalla», entre otras, la firma «Fama», cuya propiedad se le atribuye a Raúl Otero García, su socio. No sólo eso: tiene contactos en varias partes de Estados Unidos. En Miami, por ejemplo, las autoridades detectaron a Nicolás Mateus, quien forma parte de la estructura de lavado de dinero. junto con Rafael Guillermo Pinzón, *El Chorro* (operador en Barranquilla), y Deyanira Carvajal Narváez, *Deyi*, uno de sus enlaces en Miami, Florida. Entre sus principales testaferros figuran dos mujeres: Elsy Jiménez y Alba Rocío Castro de Alvarado.

Hay capos cuya identidad no está del todo estudiada por las autoridades colombianas, debido a la discreción con que estos delincuentes suelen moverse, lo cual dificulta penetrar el entorno de su vida familiar y, más aún, el de sus actividades ilícitas. Por ello, algunos personajes del narcotráfico sólo son identificados por su nombre de pila, por el apodo o por la forma en que se visten. Un caso: utiliza una gorra de beisbolista, es chaparro, regordete y mofletudo. Usa lentes y la Policía Nacional de Colombia lo tiene identificado como Marcos. Este personaje es la cabeza de una organización cuyo giro es el tráfico de cocaína a nivel internacional. Los informes sobre sus actividades señalan:

«La estructura está liderada por una persona conocida como alias Marcos, encargado de realizar los diferentes contactos a nivel internacional y el pago de los pasantes de droga. En la actualidad se dedica al tráfico internacional de heroína. Para ello, dispone de una red de "pasadores" de droga. Su principal colaborador es Adriano Marín, *El Químico*, de quien se afirma en el reporte policiaco: «Es el encargado de realizar el camuflaje de la droga en maletas de doble fondo, artesanías, zapatos y en otras ocasiones elabora las cápsulas que son ingeridas por los pasantes de droga».

Quizá con el mismo rango de importancia —pero con la diferencia de que suele ejercer un mayor nivel de violencia contra sus enemigos— opera la organización que dirige Orlando Antonio Salas Donado, a quien llaman *El Diablo*. Este microcártel se dedica a la exportación de cocaína y heroína encapsulada. Su nivel de discreción es considerado de los más altos, pues suele emplear a mujeres distinguidas para el cruce de estupefacientes.

Tal y como los informes de inteligencia colombianos lo acreditan, los nuevos barones de la cocaína, también llamados «capos de última generación», son hombres y mujeres cuyas edades en pocas ocasiones superan los 40 años de edad. Penetrar en la intimidad de sus actividades ilegales es y ha sido una tarea harto difícil para los investigadores colombianos, quienes se enfrentan a un verdadero rompecabezas criminal.

Y es que para esta nueva generación de *narcoempresarios* trabajan decenas de lugartenientes, gatilleros, operadores y «pasadores» de droga, que en los informes de inteligencia son descritos como «totalmente evasivos tanto en su vida personal como en sus actividades comerciales». En muchos casos se trata de importantes comerciantes, dueños de tiendas y almacenes, quienes utilizan esos negocios para camuflar sus actividades dentro del narcotráfico y para «lavar» las ganancias millonarias que obtienen.

El cambio de atuendo, su nivel de vida sobrio y discreto, así como su «bajo perfil», los convierte en traficantes prácticamente impenetrables, pues ya no suelen distinguirse entre la población como personajes de la clase pudiente que, bien vestidos y acicalados, lucían carros importados y joyas finas. Sin embargo, la nueva camada de capos conserva algunos gustos de sus predecesores: como miembros de una sociedad libre, asisten a discotecas, van a los gimnasios y clubes de postín discretos; a otros, quizá los menos, les encanta lucir su éxito «empresarial» y gastar su plata dentro y fuera de Colombia. Pero el negocio de las drogas como tal tiene hoy, en general, un estilo diferente.

En sus informes de inteligencia, los responsables del departamento antinarcóticos de la Policía Nacional de Colombia explican esta nueva realidad del negocio del narcotráfico colombiano. En sus análisis criminales, el nuevo fenómeno se entiende de esta manera: un cártel (por llamarle así a una organización dedicada al comercio de un solo producto, en este caso cocaína) actualmente es visto como una red de oficinas donde trabajan, sin conocerse, cientos de personas. Sólo en el proceso de producción de la droga se mueven proveedores de semilla, cultivadores de coca y amapola, cocineros, empacadores, transportadores y vigilantes.

Los informes de inteligencia aseguran que en Colombia existen unos 150 grupos expertos en el manejo de estas actividades y, quienes conocen el negocio, aseguran que se produce una cocaína de muy alta calidad, a la que llaman «excelsa», pues tiene un grado de pureza hasta del 102%. Apoyados con datos precisos de informantes y expertos en el negocio, los últimos datos oficiales señalan que en Colombia el kilo se vende en cinco millones de pesos (colombianos), en Miami se coloca en 10 mil euros, en Nueva York en 15 mil y en Europa en 25 mil.

Los capos discretos

Actualmente, en casi todas las ciudades importantes de Colombia opera una red de narcotraficantes que ha hecho de la discreción su mejor estilo. Ciudad llena de historia y diversión, Cartagena de Indias, Colombia, es asiento de cuatro organizaciones ligadas al tráfico de cocaína, según los informes secretos de la Policía Nacional.

En Cartagena opera, por ejemplo, Luis Eduardo Marrugo Manjares, un narcotraficante de «bajo perfil», discreto, que tiene la habilidad de pasar desapercibido, pero dispone de una gran capacidad para colocar cargamentos de droga en Europa, por citar algún punto del mundo. El informe precisa: «Se dedica al tráfico de estupefacientes hacia Europa y Estados Unidos, utilizando para esta actividad motonaves de gran calado y lanchas rápidas, al igual que los diferentes muelles de la ciudad de Cartagena».

El capo tiene ocho colaboradores: Henrry Saavedra Trujillo, Carlos David Franco Ruiz, Emiro Olier, Cordelio Badin, Roberto Hurson, Hernando Villamizar Castro, Gustavo Ruiz Taborda y Rodrigo Castillo Colta.

Con el mismo estilo de operar y quizá con alcances similares en sus envíos de cocaína, en Cartagena también es notable el crecimiento de Andrés Manuel Contreras Porto, un microempresario de las drogas nacido en 1970 y que en esa ciudad es conocido como *Andry*, *Papo* o *Andrés Zapata*.

Las anotaciones de inteligencia sobre sus operaciones apuntan: «Dirige una organización de narcotraficantes que tiene como centro de

operaciones la ciudad de Cartagena, dedicada al tráfico de estupefacientes hacia Centroamérica, Europa y Estados Unidos, mediante la
modalidad de lanchas rápidas y embarcaciones de gran calado».

Esos mismos antecedentes indican que fue socio de un capo de altos vuelos llamado Osvaldo de Jesús Vélez Carrasquilla, *El Pichi*, capturado por la Policía Nacional en noviembre de 2003.

Contreras Porto se mueve en Cartagena como un comerciante
mediano. En la Cámara de Comercio de Cartagena está registrado
como «dueño de un negocio menor desde el 5 de febrero de 2001; su
matrícula corresponde al No. 156408», y tiene como actividad declarada «la reparación general de vehículos, pintura, latonería, electricidad
y parqueo de vehículos».

Pero su verdadera actividad, según los datos de inteligencia, es el
agitado mundo de la mafia. Información confidencial del área antinarcóticos de la Policía colombiana establece que Contreras Porto se dedica al tráfico internacional de drogas. En su ficha criminal resaltan sus
gustos excéntricos: «Se ha podido establecer que le gustan las fiestas, las
mujeres bellas y frecuenta los sectores de Castillogrande y El Laguito»,
dos de las zonas residenciales y turísticas más atractivas de Cartagena.

Entre 2001 y 2004, Contreras Porto realizó operaciones de narcotráfico dentro y fuera de Colombia: colocó un cargamento de cocaína
de 40 kilos en Nueva Orleans, a través de la Sociedad Portuaria de
Cartagena. El 7 de agosto de 2001, la Policía detectó que Contreras
coordinó el transporte de estupefacientes desde el Sur de Cartagena hacia Europa; las autoridades también se enteraron que esta actividad se
realizaría cada 13 días durante un lapso de 5 meses.

El capo supo tejer redes al interior de la Policía. Mediante fuertes
«cañonazos» de dólares, compró la protección de altos funcionarios de
la Fiscalía Especializada de Cartagena, donde entró en contacto con un
fiscal identificado como Raúl y que, según las investigaciones posteriores, le suministraba información sobre decomisos, operativos y acciones policiacas en la región donde opera su organización.

Contreras Porto parece un empresario común y corriente, pero su
capacidad para comercializar drogas es asombrosa. Desde Cartagena, es
capaz de colocar un cargamento de hasta 20 kilos de cocaína en la isla

de Aruba, Estados Unidos, México o en cualquier otro país de Europa. Este narcotraficante se las ingenia para trasladar la droga. Según las autoridades, suele hacerlo de forma oculta en madera, zapatos, tenis y ropa deportiva.

Y es que una de las maniobras que mejor maneja Manuel Contreras Porto es el envío de cocaína en lanchas rápidas, el medio de transporte que los colombianos han puesto de moda para introducir drogas a México y a otros países. Un dato ilustra lo anterior: en una ocasión la policía colombiana estuvo a punto de aprehenderlo cuando, en compañía de sus socios Rafael Zapata García y Teddy Fajardo Ramos, se movilizaban en una camioneta Toyota «tipo burbuja», en la que remolcaban una lancha rápida de nombre *La Gata Voladora*, habitualmente utilizada por el grupo para enviar droga de Colombia a México a través del puerto de Manzanillo, Colima, una de las terminales portuarias que más protección ofrece a las mercancías ilegales procedentes del extranjero. La lancha es de color blanco con líneas azules y rojas —según las fotografías contenidas en el expediente de este caso—, tiene un potente motor marca «Johnson» de 200 caballos de fuerza y su propietario es Pedro Contreras Guerrero, uno de los socios de Contreras Porto. Como el capo logró huir, el aparato fue abandonado, luego asegurado y remolcado por personal antinarcóticos. La razón: que no tenía los documentos reglamentarios de navegación. Le faltaban las acreditaciones de la capitanía del puerto. El navío, que aparentemente era una barcaza común y corriente, atrajo sorpresivamente la atención de los fiscales antinarcóticos por una razón: aquella estructura de fibra de vidrio tenía un motor de alta potencia que no era el reglamentario para una embarcación tan pequeña como la que tenían a la vista.

Contreras Porto parece tener una larga trayectoria delictiva, según se desprende de los informes de inteligencia de la Policía Nacional. En la base de datos de la Dirección de Policía Judicial e Investigación (DIJIN) están registrados varios de sus antecedentes delictivos, entre otros, que el 23 de septiembre de 1996 fue encarcelado en una cárcel de Barranquilla por el robo de un vehículo y portación de arma. Eran los tiempos en que empezaba a figurar en el mundo delictivo. Para el año 2000, el capo acumulaba varias órdenes de aprehensión por el delito de secuestro, tráfico internacional de drogas, asociación delictuosa y lavado de activos.

Poco tiempo después de su incursión en el negocio de las drogas, Contreras Porto constituyó varias empresas y estableció diversos negocios que le sirvieron de «pantalla» para ocultar su verdadera actividad: el narcotráfico. El crecimiento de sus relaciones dentro y fuera de Colombia le facilitaron la exportación de cocaína. Por ejemplo, la Policía acreditó que entre los múltiples contactos de Contreras Porto aparecen los dirigentes de la Sociedad Portuaria de Cartagena, quienes le ayudaban a «camuflar» la droga como mercancía de exportación, la cual era colocada en los barcos internacionales, cuyo destino era principalmente Europa.

Andrés Manuel Contreras Porto estuvo ligado al narcotraficante Fabio Ochoa Vázquez, extraditado a Estados Unidos en 2001 bajo acusaciones de narcotráfico. Larga es la historia de Ochoa Vázquez en el mundo de la mafia, pues se le relacionó con los altos jefes del cártel de Medellín desde la época en que era dirigido por Pablo Escobar; también se conoce que tuvo algunos acercamientos con Álvaro Uribe Vélez, actual presidente de Colombia, cuando éste fungía como alcalde de Medellín.

A mediados de los años setenta, los traficantes de mariguana colombianos empezaron a introducir pequeñas cantidades de cocaína a Estados Unidos. En ese tiempo, pasaban la droga escondida en maletas. Entonces era un negocio muy rentable y los narcoempresarios José Gonzalo Rodríguez Gacha —conocido dentro y fuera de Colombia como *El Mexicano*— y los hermanos Jorge Luis, Juan y Fabio Ochoa Vázquez se unieron al cártel de Medellín, a la postre uno de los más poderosos de Colombia. En aquellos años, Escobar Gaviria era visto como «un ladrón» de poca monta y un traficante de mariguana menor.

Con mayor visión en el negocio de las drogas y quizá con más arrojo que Escobar, fue el narcotraficante Carlos Leather Riva, quien convenció a Escobar Gaviria y a sus socios de que podían transportar cocaína a Estados Unidos en avionetas y dejar atrás el uso de maletas. Así nació lo que más tarde se conoció como cártel de Medellín, la organización criminal más poderosa que haya existido en Colombia.

Con el transporte aéreo de cocaína, Escobar Gaviria tuvo un despegue impresionante. En 1982 combinaba el negocio del narcotráfico con la política, pues fue diputado federal y ambicionaba ser presidente de Colombia. Fulgurante también fue su ascenso económico: en 1989, la revista *Forbes* lo colocó como el séptimo hombre más rico del mundo. Pero tiempo después comenzó su caída y el derrumbe de su imperio. Escobar Gaviria se enfrentó al gobierno de Colombia que, presionado por Estados Unidos, empezaron la búsqueda del capo para extraditarlo. Entonces Escobar tuvo que enfrentarse a dos enemigos: al gobierno y a los jefes del cártel de Cali, los hermanos Rodríguez Orejuela, quienes también querían eliminarlo.

Más tarde, Carlos Leather, el consejero de Pablo Escobar, fue detenido en Colombia y extraditado a Estados Unidos. La policía mató a Rodríguez Gacha —quien en México estuvo relacionado con Ismael *El Mayo* Zambada y otros importantes miembros del cártel de Juárez— en diciembre de 1989. Fabio Ochoa, quien como narcotraficante dejó amplias ramificaciones en Colombia, se entregó a la justicia en 1990, al no soportar más la presión policiaca. Sus dos hermanos hicieron lo propio un año después. En 1999 los tres salieron en libertad, pero Fabio siguió con sus andanzas: continuó traficando con cocaína y en el 2001 fue extraditado a Estados Unidos.

A principios de los años ochenta, el cártel de Medellín ya daba muestras de tener amplios contactos con personajes de la política. Una historia que es pública en Colombia liga al actual presidente de ese país, Álvaro Uribe Vélez, con el *clan* que encabezaba Pablo Escobar: a finales de 1982, Uribe Vélez era alcalde de Medellín, pero fue echado del cargo por el entonces presidente de la República, Belisario Betancourt, debido a sus presuntas relaciones con el cártel que tenía su asiento en esa ciudad y que encabezada el poderoso Escobar Gaviria.

Según datos históricos, y otros antecedentes consignados por los periódicos colombianos, durante su paso por la presidencia municipal de Medellín, Álvaro Uribe fue un incansable promotor de Pablo Escobar, quien con su poder económico y sus múltiples relaciones preparaba el camino para convertirse en político, pues consideraba que algún día podía ser presidente de la República.

El periodista colombiano Fernando Garavito, quien tuvo que abandonar Colombia por sacar a la luz pública las presuntas relaciones de Uribe Vélez con el narcotráfico, logró documentar que en una ocasión, estando el narcotraficante Fabio Ochoa Vázquez —también conocido como *El Cabalista*— en una exposición de caballos en la ciudad de Armenia junto con Rodríguez Gacha, se acercó un individuo desaliñado, con lentes oscuros.

De inmediato Fabio Ochoa lo llamó por su apodo para saludarlo:

—Oye, Varito, ven acá —le dijo el capo con voz firme.

Varito se acercó, tímido.

Luego, ambos conversaron en voz baja y apartados de la muchedumbre. Al diálogo se sumaron, momentos después, otros capos que acompañaban a Ochoa. Aquel sujeto insignificante, a quien aparentemente nadie conocía, era nada menos que Álvaro Uribe Vélez, el recién reelecto presidente de Colombia.

Andrés Manuel Contreras Porto, el exsocio de Fabio Ochoa, tiene actualmente un destacado lugar en el tráfico de drogas desde Colombia. Está ligado a varias empresas navieras, como Vehitrans, propiedad de otros de sus testaferros, Eduardo Gárcenas, *El Mono Gárcenas*, la cual utilizan para el transporte de cocaína. También tiene a su disposición una red de operadores que coordinan desde el extranjero los envíos de drogas. Además, tienen enlaces en Cali, en el Valle del Cauca y en Cartagena. Una de las modalidades más socorridas por este grupo es la contratación de mujeres como «pasantes de drogas». Sus relaciones con la clase política le permiten ciertas facilidades para apoyar sus actividades ilícitas, pues suele obtener pasaportes falsos para acreditar a sus empleados con otros nombres, a fin de que puedan salir del país (Colombia) sin ser identificados.

Su red de cómplices es amplia y tiene apoyo de algunos miembros de la Fiscalía Especializada de Cartagena, según datos de inteligencia consultados. Algunos nombres: Raúl Montes y Felipe Carrasquilla: ambos se desempeñan como investigadores judiciales. Este último colabora en el envío de drogas al exterior. Luis Fernando Chávez es otro de sus contactos. Trabaja como directivo del puerto marítimo de Cartagena y, como parte de la organización, colabora con el transporte de estupefacientes fuera de Colombia. En la lista de operadores se cuentan 62 personas relacionadas con esta *narcoempresa*.

Los informes de la Policía Nacional detectaron a otros cómplices de Contreras Porto, alias *Papo*, que están ubicados en México. Aunque los datos no aportan mayores detalles, sí queda establecido que este personaje utiliza sus relaciones en México para el envío de dinero a Estados Unidos o bien para recibirlo y posteriormente ser enviado a Colombia.

Dice el informe policiaco: «El 070602, José Luis Lore sería el encargado de recibir la droga en Estados Unidos y remitir a Colombia el dinero producto del ilícito. En los próximos días enviaría dinero desde México a Estados Unidos, utilizando la casa de giros ubicada en el sector de Queens calle 76 Roosevelt avenue. Asimismo, uno de los contactos de la persona ubicada en México mantiene contacto con el usuario del teléfono internacional 0055-255-31021056.

»El 080602, Rafael alias *Rafa*, integrante de la organización, recibiría una cantidad de dinero desde México, producto del tráfico de drogas a la cuenta bancaria No. 4959602122-4 a nombre de Eduviges del Rosario Navarro González, Banco de Colombia, sucursal avenida El Bosque de·Cartagena.

»El 231002, Carlos y un similar, integrante de una organización dedicada al tráfico de estupefacientes, coordinaron la comercialización de un kilogramo de alcaloide, no se descarta que esta red ilegal tenga nexos con carteles de la droga en el país de México...»

Aunque algunas tienen más poder que otras —todo depende del nivel de sus relaciones internacionales y de la protección de que disponen para mantener encubiertas sus operaciones ilícitas—, los pequeños cárteles colombianos parecen no competir entre sí, pues entre ellos no existen los choques violentos que, por ejemplo, protagonizaban en los años ochenta los cárteles de Medellín y de Cali. Todos se ocupan de la misma actividad, pues saben que el negocio alcanza para todos y no es necesario —hasta ahora— pelear por ganar clientes o acaparar los mercados.

Incluso, más de una organización criminal puede estar asentada en la misma ciudad sin ser rivales en apariencia. En Cartagena opera otra organización que, según la policía local, tiene vínculos con México. Se trata de una microempresa del narcotráfico encabezada por Vaston Venner Williams y Norberto Hudgson Borden. Estos personajes son nativos de la isla de San Andrés y están acantonados en esa ciudad desde hace varios años. Sus ramificaciones llegan a San Antero, Santa Marta, San Andrés y La Guajira, lugares adonde envían grandes embarques de cocaína y heroína, para luego ser trasladados a México, donde disponen —según la policía colombiana —de importantes contactos. Luego, los cargamentos siguen su ruta hacia Estados Unidos y Puerto Rico. Buena parte de sus ganancias están invertidas en residencias lujosas. También en Cartagena es conocido que la familia Coneo está dedicada al transporte de drogas hacia Estados Unidos, Centroamérica y Europa. Una parte de los miembros de esta familia, según se sabe, están encarcelados en prisiones de Colombia o bien han sido extraditados. Llama la atención que la mayor parte de sus activos los inviertan en casas y otras propiedades de lujo.

Algunos de los pequeños cárteles que operan en Colombia —también llamados «Los baby cártels» —están encabezados por personajes que, tiempo atrás, fueron miembros de los cárteles de Medellín y de Cali. En aquellos años de esplendor del narcotráfico, desempeñaban diversas funciones, siempre en una escala menor: responsables del transporte, de las relaciones públicas con la policía, encargados del grupo de sicarios o bien fungían como coordinadores o asesores financieros. En esa época, quizá nunca pensaron que algún día el negocio de las drogas sería suyo y que alcanzarían la estatura de jefes. La oportunidad llegó. Tras la caída de esos grupos hegemónicos, se abrió para ellos el momento de ser cabecillas de una banda criminal con altos niveles de comercialización de drogas en el extranjero. Muchos de estos nuevos cabecillas no sólo han abierto mercados en Estados Unidos: también han penetrado con fuerza y éxito en Japón, hasta donde llegan sus cargamentos.

Dos de los personajes que, por su experiencia y su antigüedad, mejor conocen este negocio son los hermanos Jorge Enrique y Juan Fernando Maya Restrepo. El primero figuró como miembro del brazo financiero del cártel de Medellín. El segundo fue uno de los hombres de mayor confianza del capo Pablo Escobar, a grado tal que fue considerado como su secretario político, una suerte de consejero.

Jorge Enrique también es conocido en el mundo de la mafia como *Kike*. Las anotaciones de inteligencia sobre sus actividades apuntan: «Su experiencia en el narcotráfico (comenzó) desde que hacía parte del brazo financiero del desarticulado cártel de Medellín». Pero el informe resalta otro dato relevante: «Las informaciones de inteligencia disponibles indican que posee estrechos vínculos con el cártel de Cali». Y añade: «Maneja las rutas en el tráfico de cocaína al continente asiático, Japón, en el mercado de Estados Unidos, principalmente las ciudades de Washington y Miami, asimismo posee los medios de transporte y embarque (de drogas).

»Es propietario de una gran cantidad de fincas en el país (Colombia), especialmente en Antioquia, que están a nombre de terceros, como la hacienda La Clarita, cerca de los municipios de Gómez Plata y Carolina...»

Los informes de la policía señalan que los principales socios del narcotraficante son sus hermanos Juan Fernando y Juan Camilo Maya Restrepo y Joaquín Ananías Builes Gómez. Este grupo criminal, cuya base de operaciones está asentado en la ciudad de Medellín, tiene un sistema de operación especial. Dice el informe de la DIJIN: «La estructura (de los narcotraficantes) se encarga de enviar estupefacientes hacia Europa Oriental; las ganancias obtenidas son ingresadas en "dinares", moneda utilizada en algunos países del Oriente Medio, y éstas estarían siendo utilizadas en mercancías de contrabando. Estarían asociados con comerciantes de la ciudad de Maicao (La Guajira), originarios de países del Medio Oriente».

Las operaciones de narcotráfico que realiza Juan Fernando Maya Restrepo son similares a las de su hermano Jorge Enrique. Este microempresario de la cocaína lidera una organización criminal en Medellín, donde disponen de varios centros de acopio para esconder la droga que luego será exportada. Juan Fernando trafica con cocaína hacia el exterior y una de sus rutas preferidas es Europa, para lo cual utiliza a Panamá como puente de tránsito para llegar también a Estados Unidos. Coordina buena parte de las actividades ilícitas de la organización, particularmente lo relacionado con la comercialización y el transporte de estupefacientes vía aérea; de igual forma, dirige actividades de lavado de dinero e ingresa sumas millonarias en dólares a Colombia, provenientes de Estados Unidos. El dinero llega a través de Panamá, país que ha otorgado facilidades a los colombianos para el manejo de sus negocios ilegales. Para el «blanqueo» de activos dispone de varios socios. Uno de ellos es Jesús Rendón Herrera, quien tiene varias empresas «fachada» —principalmente relacionadas con bienes raíces— donde invierte el dinero de la droga para luego convertirlo en ingreso limpio.

El cártel de Medellín, del que se afirma que está desarticulado, dejó varias ramificaciones activas. Uno de sus ramales importantes es el grupo representado por Jaime Arenas, quien opera una célula criminal en Medellín dedicada a la coordinación y transporte de cargamentos de droga al extranjero. Sus centros de abastecimiento están localizados, según informes policiacos, en el departamento de Cauca y al norte de Antioquia. Sus cómplices no sólo están en territorio colombiano: tiene contactos en Perú, quienes le venden pasta base de coca, la cual es terminada de refinar en laboratorios de otros socios.

Para el comercio de cocaína, Jaime Arenas también cuenta con estrechos vínculos en México y Estados Unidos. Los informes así lo confirman: «Se conoció que un tío de Felipe Ospina (uno de sus socios) se ubica en Miami. Es propietario de una empresa dedicada al comercio internacional y puede estar relacionado con el lavado de activos...

»Informaciones en proceso de verificación indican que esporádicamente se desplaza a México para coordinar actividades de narcotráfico, donde además posee bienes e inmuebles; también se le ve con frecuencia en el departamento del Cauca, donde posiblemente la organización cuenta con centros de abastecimiento de estupefacientes...» Sus principales rutas para la exportación de cocaína son Reynosa, Tamaulipas-Estados Unidos. México-Houston-Chicago. Honduras-Estados Unidos, así como Caucasia-República Dominicana-Islas Bahamas-Miami.

Uno de sus socios importantes es Julián Castaño, *Caliche*, de quien los mismos informes refieren: «Importante traficante de estupefacientes del municipio de Bello (Antioquia), que tiene nexos con narcotraficantes mexicanos». El brazo financiero de este cártel lo conforman 48 personas, en cuya lista aparecen familiares y amigos. Dos mujeres —Zahira Betancourt Jiménez y Elsa María Martínez Correa— figuran como sus principales testaferros. En otra lista de que dispone la policía aparecen seis socios más: Luis Fernando Jaramillo Fernández, José Ever Marín, Felipe León, José Zapata, Rubén Darío Muñoz y un sujeto identificado como Robinson. En los informes aparece que, en la estructura dedicada al lavado de dinero están registradas 14 personas, quienes disponen de varias cuentas bancarias para el manejo de activos. El transporte de la droga lo maneja presuntamente Rodrigo Cuartas, conocido como *Pepe*, quien es apoyado por 16 individuos más. No sólo eso: la organización cuenta con 45 colaboradores adicionales. El brazo armado, según la DIJIN, lo componen 16 gatilleros, distribuidos en Estados Unidos, Panamá y México. En este último país la organización cuenta con una persona que, de acuerdo con la policía de Colombia, es un «buscapersonas» y, para su localización, tiene la clave de Skytel 5488870. El cártel tiene, además, dos asesores: uno jurídico —Diego Forero Echeverri— y otro financiero, representado por la firma Consultores Financieros y Comerciales, ubicado en Cali, Colombia.

Ligado con capos mexicanos, la empresa criminal de José Ramírez —conocido en el mundo de la mafia como Juan Carlos Ramírez o Carlos Londoño— es otra de las organizaciones de Medellín que utiliza el territorio mexicano para exportar cocaína desde Colombia.

Asentada en Medellín, los informes policiacos tienen detectado que Ramírez viaja constantemente de Colombia a México; la razón, hacer arreglos con sus socios para el envío de embarques con droga. Dichos informes establecen, además: «(José Ramírez) encabeza una organización de narcotraficantes de Medellín, que centra sus operaciones en el transporte de estupefacientes desde Colombia hacia Guatemala, México y Estados Unidos, utilizando Panamá como punto de tránsito mediante el empleo de aeronaves y embarcaciones.

»En ocasiones viaja desde Colombia hacia México para reunirse con narcotraficantes de ese país y coordinar parte de sus actividades relacionadas con el transporte y comercialización de estupefacientes, ya que tiene estrechos vínculos con la mafia mexicana. Cuando viaja a ese país, se ubica a través del teléfono 5481421. Ramírez también está dedicado al lavado de dinero producto de esa actividad ilícita. Para ingresar a Colombia el dinero obtenido (del narcotráfico) importa motocicletas desde Estados Unidos con la ayuda de una persona identificada como Johny. También transfiere dineros a Colombia a través de Panamá, posiblemente por medio de cuentas bancarias». A Gustavo Ramírez también se le identifica con el nombre de «Antonio».

Los datos de inteligencia que la DIJIN dispone sobre este cártel indican que Ramírez tiene múltiples contactos en México. Por ejemplo, en el apartado *Colaboradores en el exterior*, se indica que uno de sus operadores es conocido como *Piti*. Sobre este personaje —cuyo nombre no mencionan los informes— los datos disponibles señalan: «Es uno de los hombres claves dentro de la organización, ya que generalmente se ubica en México, donde se encarga de coordinar el transporte de estupefacientes entre México y Estados Unidos. Se ubica a través de los teléfonos 2547492 y 6547492, posiblemente en México».

Otro colaborador destaca en los informes con el sobrenombre de *El Güero*. Sobre éste se afirma: «Cobra deudas de narcotráfico a favor de José Ramírez, a la vez que administra parte de sus propiedades, algunas de ellas ubicadas en la ciudad de Acapulco (México).»

En la lista de mexicanos que colaboran con el capo colombiano se incluye a un sujeto identificado como *Capulina*. La referencia policiaca indica: «Se trata de un narcotraficante que opera en la ciudad de Monterrey (México). Se encarga de transportar estupefacientes desde esa ciudad hasta Estados Unidos». Otro vínculo importante del cártel colombiano asentado en México es un tal *Juan Manuel*, cuya ficha criminal dice: «Contacto de José Ramírez, ubicado en México. Presuntamente coordina el transporte de estupefacientes junto con alias Piti».

En el grupo criminal hay más mexicanos, según establecen los reportes de la policía colombiana. En la amplia cadena de eslabones figura *El Brother*, «quien tiene que ver con el manejo de camiones en México, por medio de los cuales al parecer se transportan estupefacientes».

Al igual que otras empresas del narcotráfico, la de José Ramírez también tiene una bien organizada red de apoyo. Tiene un departamento responsable de la distribución de drogas, conformado por tres personas; un brazo financiero, encabezado por igual número de colabores y una amplia cadena de cómplices —16 en total— para el lavado de dinero. Una mujer, identificada como María Eugenia, figura como uno de sus testaferros; cuenta con cuatro asesores jurídicos y cinco colaboradores más. José Ramírez cuenta con 14 socios más, identificados en los informes como «Allegados a José Ramírez».

El modus operandi de la organización está bien estudiado por las autoridades antinarcóticos de Colombia. En los estudios criminales analizan cómo introduce la droga a Estados Unidos y cuáles son sus principales rutas: «Todo indica que la principal actividad en la que la organización centra sus operaciones es el transporte de estupefacientes desde Colombia hasta México y Estados Unidos. Para ello tiene vínculos con la mafia mexicana, que opera en las ciudades de Guadalajara y Culiacán, Sinaloa, ciudad de México, D.F., y Monterrey. (Es muy probable que sus socios principales sean los cárteles de Sinaloa y de Juárez.) Una de las mayores fortalezas de esta organización está en el número de contactos ubicados principalmente en Centroamérica, quienes están comprometidos en el transporte de drogas. Los estupefacientes serían transportados en vuelos comerciales y por la vía marítima, desde Colombia hasta Guatemala y México, a las ciudades Guadalajara y Monterrey, donde miembros de la mafia mexicana se encargan de introducirlos a Estados Unidos, probablemente vía terrestre a través de la frontera con ese país».

Helmer Herrera Buitrago, famoso narcotraficante colombiano de la llamada «vieja guardia», también dejó raíces y ramificaciones que hoy están floreciendo en el negocio del narcotráfico. El llamado *Pacho Herrera*, uno de los capos más acaudalados y audaces de la mafia colombiana, tiene su mejor continuidad en la personalidad de quien fuera uno de sus principales testaferros: José Bayron Piedrahita Ceballos, *El Árabe*, quien actualmente representa una empresa criminal asentada en la ciudad de Medellín.

Hasta la fecha, Helmer Herrera es visto en Colombia quizá como el capo más inteligente que haya existido. Así lo afirma Gustavo Salazar Pineda —abogado de Pablo Escobar—, quien fuera su defensor y amigo. En su libro *El confidente de la mafia se confiesa* (Editorial Nombre Latino 2005), narra:

«Me repito en lo dicho varias veces: el más grande, el más sabio de todos los mafiosos que he conocido, que no han sido pocos, fue Pacho (Paco) Herrera.

»Ante Hélmer Herrera Buitrago me sentía, yo su abogado, no frente a un delincuente, ni a un narcotraficante de alta jerarquía. Vi en él a un empresario apuesto, a un pensador profundo, a un sencillo filósofo de la vida.

»Por él supe que la mafia tiene en sus entrañas seres de una dimensión humana superior a la de muchos que pregonan un moralismo rancio y creen, por ello, estar situados por encima de los demás mortales».

Pacho Herrera fue, en efecto, un símbolo de la mafia colombiana, en particular del cártel de Cali, encabezado por los hermanos Rodríguez Orejuela.

Después de haber sido protagonista de una etapa de bonanza como capo de la mafia, Hélmer Herrera creyó que, como la vida le había concedido varios momentos de esplendor, podría salir con vida del negocio de las drogas. Pero no pudo ser la excepción en una actividad que, por desgracia, casi siempre desenlaza tragedias.

Poderoso, influyente, calificado por la DEA como el gerente del cártel de Cali, estaba recluido desde hacía dos años en la cárcel de Palmira, Colombia, esperando cumplir con la ley para, a lo mejor, después dejar los negocios y descansar. Un día un asesino a sueldo lo mató de cinco balazos. Herrera Buitrago era un hombre de muchas historias, que siempre mezclaban leyenda y realidad, como aquella que lo llevó de ganar seis dólares por hora como mecánico en Nueva York, a finales de los sesenta, a cobrar dos mil dólares por cada kilo de cocaína distribuido en esa misma ciudad entre los años 1983 y 1993.

La DEA lo llamaba simplemente el gerente, porque además de ser el coordinador del envío de la droga, era el responsable de llevar las ganancias a Colombia. Se estima que en diez años pudo haber ingresado al país alrededor de tres mil millones de dólares. A los 47 años, *Pacho* Herrera se consideraba más allá del bien y del mal, con una fortuna calculada en dos mil millones de dólares. Según su abogado, el capo era un pacifista que esperaba dejar la reclusión para irse a descansar a sus fincas.

Demasiado confiado, el 8 de octubre de 1996 reveló a la policía que había prestado colaboración para que se capturara a Pablo Escobar Gaviria, en ese entonces jefe del cártel rival, el de Medellín. Acerca de quienes dieron la orden de matarlo, la policía siempre tuvo sólo conjeturas: que fueron los herederos de Escobar. Herrera dijo que había tenido que delatar a Escobar porque éste le había declarado la guerra en 1988. Fue Gilberto Rodríguez Orejuela —actualmente preso en Estados Unidos— quien le informó a Hélmer Herrera sobre los planes de Escobar.

—Pablo te quiere secuestrar —le dijo—. Va a interceptar muchos teléfonos y va a tratar de alcanzarte como sea.

Según la historia que narra el periodista colombiano Nelson Padilla, en el periódico *El Clarín*, Rodríguez Orejuela le hizo otro comentario a Herrera: «De ahora en adelante, te vamos a llamar Pacho». Herrera Buitrago le contó a la Fiscalía que Escobar pagó a decenas de sicarios para que lo buscaran. «Él decía que yo le había robado 5 millones de dólares.» Y es que *Pacho* había sido socio de Escobar. Éste, entonces, no le perdonó el supuesto robo del dinero. Y se desató la guerra: empezó atacando a la gente más cerca de Herrera, como Hugo Valencia, quien fue secuestrado. Valencia era como un hermano para *Pacho* Herrera. «Él me enseñó este negocio», confesó un día.

Después, Escobar trató de involucrarlo en secuestros y asaltos y le facilitó datos a la policía para que siguiera los pasos de Herrera. Según éste, Escobar ordenó comprar un auto a nombre de Hélmer Herrera que fue usado como coche bomba para matar al líder político Luis Carlos Galán, en 1989. Ese mismo año, siempre de acuerdo con el testimonio de Herrera, Escobar hizo enviar una maleta a la Florida con veinte kilos de cocaína, y en el *ticket* de identificación anotó el nombre de Herrera y el teléfono del departamento donde vivía. Una maleta idéntica fue enviada hacia Londres. Luego, a través de cartas, Escobar avisó a la DEA y a la Interpol la llegada de la droga, que fue incautada. Esto sirvió para que se le fincaran cargos judiciales a *Pacho* Herrera.

Más tarde, Escobar intentó matarlo en medio de un partido de fútbol, el deporte que más le apasionaba al famoso *Pacho*. En aquella ocasión, Herrera salvó la vida, pero 17 futbolistas murieron. Herrera no respondió a esta ola de violencia. Gustavo Salazar, defensor de Herrera Buitrago, expone la razón: «Era un hombre muy tranquilo, que nunca respondió a la guerra iniciada por Pablo Escobar».

Después de la muerte de Escobar, Herrera Buitrago consideró sepultado todo enfrentamiento. En 1995, en una reunión entre los hermanos Rodríguez Orejuela, familiares de Escobar Gaviria, y de Herrera, se había sellado un pacto de paz. Pero ese mismo año fueron detenidos los Rodríguez y entonces se desató una nueva guerra por el control de rutas y mercados del cártel de Cali. Hubo cerca de mil asesinatos selectivos en la capital del Valle. Y así nació una nueva generación de narcotraficantes, como los hermanos Arcángel y José Montoya; Raúl y Luis Grajales, así como Diego Montoya Sánchez. Estos narcotraficantes del norte del Valle, según algunos investigadores, pudieron ser los que instigaron el crimen de *Pacho* Herrera, pero tal tesis se ha mantenido como una conjetura más. El gerente del cártel de Cali no parecía presagiar el final. Según su abogado, Gustavo Salazar, su cliente era un hombre metódico, constante y estudioso. Con mayores detalles, Salazar retrata al cliente que más admiró: «Se levantaba a las siete de la mañana a hacer pesas; después desayunaba lo que le preparaba su cocinero. Una hora más tarde, se dedicaba a estudiar Administración de Empresas, que cursaba a distancia. Después de almorzar, recibía la visita de su madre y de su hija adoptiva. Terminaba el día dedicado a leer libros de ayuda personal y de filosofía. Lo cierto es que el jueves, cuando jugaba fútbol en la cancha de la cárcel y estaba por hacer un saque lateral, un sicario, Rafael Ángel Uribe Serna, lo liquidó. Su pasión era el fútbol. Su historia, casi una leyenda».

Según informes de la Policía colombiana, otros cabecillas importantes de lo que ahora se conoce como «los pequeños cárteles» son Guillermo de Jesús Carmona Montoya, *El Negro* o *El Muñeco*, cuya base de operaciones es la ciudad de Medellín; Héctor Jaime Palacio Botero, quien opera la ruta marítima Venezuela-Barranquilla; Juan Carlos Sierra Ramírez, *El Tuso*, *El Primo* o *Juan*; Carlos Arturo Giraldo Escobar, *Kalimán*; Juan Carlos Echeverri, *Matías* o *Toto*; Jairo Alberto Restrepo González. Éste domina las rutas Costa del Pacífico-Turbo-Santa Marta-Golfo de Urabá-Cartagena-Golfo de Urabá-Barranquilla-Golfo de Urabá.

Este último personaje del narcotráfico colombiano mueve sus cargamentos en buques. Así lo establece el informe policiaco: *Las actividades concernientes al tráfico de insumos se vienen realizando por vía marítima y terrestre utilizando los buques procedentes de Estados Unidos, Alemania, México y Costa Rica.*

En la lista de los nuevos empresarios del narco también figura Ernesto de Jesús Botero Aristizabal, conocido como *El doctor Pacheco, Ariel* o *Arturo*. Su empresa criminal opera de esta manera: *La organización dedicada al transporte de estupefacientes cuenta con varias aeronaves pequeñas y un grupo de pilotos. Los estupefacientes son transportados desde centros de producción ubicados en el Meta hasta pistas clandestinas en el norte del país, algunas de ellas en jurisdicción del municipio de Caucasia, al norte del departamento de Antioquia.*

Se destaca en los informes de inteligencia a Francisco Iván Cifuentes Villa, *Pacho*, de quien se afirma: *La estructura narcotraficante cuenta con sus propias zonas de cultivo en el Nudo de Paramillo y en los municipios de Cáceres, Santa Rita y Tarazá (Antioquia), donde posee injerencia el bloque Élmer Cárdenas de las autodefensas. Se tiene conocimiento que han establecido vínculos con la estructura armada, para dinamizar el tráfico de estupefacientes vía aérea a Centroamérica, especialmente hacia Guatemala, empleando aviones tipo Cessna que parten desde las pistas clandestinas que han adecuado en la zona.*

También resaltan: Luis Fernando Arango Vélez, quien fue parte del cártel de Medellín. Fue secuestrado el 29 de mayo de 1995 en la gallera municipal «Los Abuelos» de Barbosa. Ahora encabeza su propia empresa de tráfico de cocaína. También aparece registrado en los informes de la DIJIN Reinaldo Ochoa Mesa, *Natilla*, quien formó parte del desarticulado cártel de Medellín; otro es Polibio Iraldo Coral Pantoja, *El Indio*, cuya base de operaciones está en Envigado. La lista incluye a Jairo de Jesús Arango Palacio, Luis Eduardo Toro Osorio, Miguel Ángel Flores Rivera, Germán y Omar Álvarez Dueñas

—cabezas del llamado *clan de los Pepes*—, Roger Julio Guevara Angulo, Juan Carlos Parra Chaparro, José Fernando Marín Ramírez, *Cuba* o *Papo*; Carlos Alberto Gil Yépez, José Ignacio Díaz Gómez. Este último, de acuerdo con datos de inteligencia, fue destituido en 1990 del Ejército Nacional de Colombia, donde tenía el grado de sargento, por dedicarse al narcotráfico.

La lista de los nuevos cabecillas del narco en Colombia incluye a Nubia Yamilé Pabón Contreras, quien opera en Cúcuta; Luis Enrique Pérez Mogollón, *El Pulpo*; José *Chepe*, de quien se afirma: *Dirige una estructura narcotraficante en Cúcuta, dedicada a la comercialización y transporte de estupefacientes hacia Panamá, Venezuela, Aruba, Curazao, México, Inglaterra, España y algunas islas del Mar Caribe.*

Los informes de inteligencia colombianos señalan que otro importante capo de la nueva generación es Luis Eduardo Toro Osorio, quien opera una organización en Pereyra, Colombia, dedicada al lavado de activos; otro narcoempresario es Juan Carlos Barco Giraldo, John Jairo García Ramírez, José Omar Hincapié Benavides, *Omar*; Fernando Vicente Muralanda Trujillo, jefe de la organización conocida como *Los Marulos*. De éste el informe señala: *Amante de los caballos y el ganado...*

Cabe decir que la mayoría de estas organizaciones tienen su base de operaciones en Colombia, aunque muchas operan desde Venezuela, país que les ha otorgado «ciertas facilidades» para establecer sus negocios ilícitos.

Operación aeropuerto:
cómo se protege al narco

La caída de Mario Villanueva y de sus presuntos cómplices, Ramón Alcides Magaña y Albino Quintero Meraz, no trastocó las actividades del narcotráfico en el sureste del país. Otros empresarios de las drogas arribaron a la región para seguir explotando el jugoso negocio. Golpeado, el cártel de Juárez disminuyó en parte sus actividades en la Península de Yucatán y Quintana Roo, pero otra organización, quizá más poderosa, seguiría usufructuando las tradicionales rutas de trasiego: el cártel de Sinaloa, cuyos miembros provienen, en mayor medida, de la organización fundada por Pablo Acosta y que hasta julio de 1997 fue dirigida por *El Señor de los Cielos*.

No obstante, el poder no es perenne. Tarde o temprano la fuerza natural se lo arrebata con su furia a quien pretende mantenerlo un minuto extra, porque atrás viene empujando otra generación que ya está formada, a la espera de su turno. Más desafiantes, sin límites en sus ambiciones, porque los han rebasado, los sinaloenses supieron mejor que nadie acomodarse a las nuevas circunstancias del país.

Viejo conocido del *Chapo* Guzmán, Albino Quintero no soltó del todo las riendas de la célula que él encabezada en el sureste antes de caer prisionero. Articulada con apoyo oficial, en particular de la Policía Federal Preventiva (PFP), ese grupo criminal siguió operando con el manto protector del gobierno foxista, quizá el que mayor libertad le otorgó al narcotráfico para posicionarse en toda la República.

A diferencia de la zona norte del país —tradicional y bastante demandada para el trasiego de drogas— la ruta del sureste fue una de las más socorridas cuando los cárteles ampliaron sus dominios en el país. Sus estructuras se estiraron como un elástico que ya no recobró su forma original, porque la urgencia de poder se los impidió. El Sur, la región más tranquila y apacible del país en otro tiempo, comenzó a ser agitada por la violencia.

Durante décadas, en el sureste no se hablaba de ejecuciones del narcotráfico; los estruendos del Norte retumbaban en la lejanía y entre la gente saltaba el asombro por las noticias que los periódicos, la radio y la televisión transmitían. En aquellas tierras sureñas, los asesinatos y las matanzas se presentaban, en mayor medida, por los problemas agrarios. El veneno del narco era visto como un conflicto de otras regiones. Tierra de caciques, el Sur tenía una intensa actividad sindicalista —los hombres que detentaban el poder regional eran petroleros o cañeros— y sus enfrentamientos surgían de las ambiciones por mantener, a toda costa, el control político de una región o de un estado.

El estado de Veracruz fue ejemplo de cómo el poder político descansaba en el poder de los caciques. El sexenio de Agustín Acosta Lagunes (1980-1986) —el gobernador más sanguinario que se recuerda— otorgó poder a grupos regionales y éstos terminaron gobernando el estado. Todavía se recuerda con horror al homicida Toribio Gargallo, cacique de la región de Córdoba y Orizaba, porque solía sepultar a sus muertos en una fosa; tiempo atrás fue famoso, en el sur de Veracruz, el legendario Amadeo González Caballero. En el centro del estado mandaba Felipe Lagunes, *El Indio*, muerto en 1984. A este bandolero, jefe de la organización conocida como *La Sonora Matancera*, no le dieron el tiro de gracia cuando las balas atravesaron su cuerpo; otro fue el sello de la mafia: le cortaron los testículos. Cirilo Vázquez Lagunes emergió en Acayucan a principios de los ochenta, como una figura caciquil al amparo del Banco Rural del Golfo, institución peyorativamente llamada *El bandidal*. Cirilo manejaba el banco a su antojo y sólo él decidía a quien se le otorgaba crédito agrario. El poder de Cirilo fue inmenso: el dinero de los préstamos agrarios lo manejaba desde su rancho, *El Mangal*; imponía alcaldes, diputados y los gobernadores terminaban cediendo a sus exigencias. Fernando Gutiérrez Barrios lo encarceló al ser designado candidato al gobierno de Veracruz, en 1986, porque lo consideraba un estorbo para su campaña.

Con un estilo similar al que utilizó para destruir el imperio de Joaquín Hernández Galicia —quien se sentía dueño del sindicato petrolero— Gutiérrez Barrios «cargó» de armas prohibidas el vehículo de Vázquez Lagunes, quien fue detenido y encerrado en el penal Ignacio Allende de Veracruz. Pero el poder de Cirilo no terminó con la prisión. Desde el penal seguía manejando sus negocios. Al salir de la cárcel, Cirilo Vázquez se refugió en el estado de Puebla. Ahí permaneció cerca de seis años. Durante el gobierno de Manuel Bartlet fue acusado de portación de armas de uso exclusivo del ejército y delitos contra la salud. No se le probaron los cargos y recobró su libertad. Regresó a Veracruz, amparado por el Partido Acción Nacional. Luego saltó al PRD. Pero se afirma que Vázquez Lagunes no entendió una máxima de los poderosos: que el poder no es para toda la vida. Cuando sus ambiciones se desbordaron y en sus negocios se infiltró el narcotráfico, el reino del llamado *Cacique del Sur* llegó a su fin: fue ejecutado. Su labia no pudo detener las balas expansivas que lo perforaron el 19 de noviembre de 2006, cuando regresaba de ver un partido de beisbol.

Quizá menos proclive a la violencia, Cirilo Vázquez era un cacique que, amparado en los problemas agrarios, actuaba como un capo en potencia. Igual que Amado Carrillo, Cirilo Vázquez solía citar a las personas en su rancho, *El Mangal*, donde podían pasar hasta una semana sin hablar con el cacique. El tiempo podía matarse tranquilamente jugando póker y tomando alcohol, porque no faltaba la comida ni la bebida. Con las bolsas repletas de dinero —a menudo se le veía con rollos de billetes sostenidos con ligas— Cirilo podía despertar de un largo descanso a las tres de la madrugada. Y a esa hora llamaba a su oficina privada al invitado, para dialogar del asunto pendiente.

Vázquez Lagunes confiaba mucho en su buena suerte, según cuentan algunos de sus pistoleros. A principios del mes de marzo de 1985, en la plenitud de su cacicazgo, Cirilo Vázquez Lagunes estuvo a punto de perder la vida en un atentado presuntamente perpetrado por gatilleros que obedecían órdenes del entonces gobernador de Veracruz.

El día del tiroteo Vázquez Lagunas conducía una camioneta por la carretera Acayucan-Jáltipan, en el sur de Veracruz. Iba acompañado de cuatro personas, entre ellas Fernando López Boussas, hijo de Fernando López Arias, ex gobernador de Veracruz.

Aquel 5 de marzo de 1985 Cirilo Vázquez se había despertado muy temprano. Luego tomó una ducha. Desde muy joven, el llamado *Cacique del Sur* se había dejado crecer la barba. De piel blanca y cabellos rubios, Cirilo pocas veces cuidaba su aspecto personal. Pero ese día se miró al espejo mientras corría la toalla por su espalda, pasó la mano derecha por su descuidada barba y decidió rasurarse.

—Me voy a rasurar —pensó.

Horas más tarde estaría en Coatzacoalcos, en una cita de negocios.

El propio Cirilo Vázquez solía contar la historia del atentado que sufrió, según dijo en aquella época, por órdenes del entonces gobernador Agustín Acosta Lagunes. Así narró Vázquez Lagunes cómo se salvó de las ráfagas de metralletas:

«Veníamos del aeropuerto de Minatitlán. Íbamos en cinco vehículos. Yo no traía guardaespaldas, sólo me acompañaban unos amigos que fueron a recibirme a Coatzacoalcos. Yo venía manejando una de las camionetas, como siempre acostumbro hacerlo. Todos manejábamos despacio, como a 100 kilómetros por hora, cuando mucho. En un tramo de la carretera Acayucan-Jáltipan había un retén con patrullas de la Policía Federal de Caminos, en forma de cruz, cuatro de un lado y cuatro del otro lado de la carretera, otra adelante sola y una más a la entrada de la virgen. Me orillé, me bajé de la camioneta para hablar con ellos... Pregunté por el comandante Huerta o por el comandante Castañón. ¡Cuídate!, me dijeron. Y de pronto empezó el tiroteo. Le dispararon a Fernando, que venía con las manos en alto. Dicen que hubo gritos, pero yo no oía nada. Me llevaron a otra patrulla. Ellos estaban en un ángulo muy reducido para dispararle a Fernando, pero le tiraban también de ambos lados de la carretera. Eran cuando menos 20 hombres armados, había judiciales con armas de alto poder. Imagínate el equivalente al mismo cartucho que el R-15, como el 223. Siguió la balacera, en esos momentos ya no me di cuenta de nada. Yo me salvé de milagro, me confundieron con Fernando (López Boussas) por la

146

barba. Fue una emboscada y a mis amigos los asesinaron a mansalva. Les dieron el tiro de gracia».

En aquellos años, a Cirilo ya se le relacionaba con el narco, aunque no se le había comprobado nada. Pero antes de que el Sur fuera penetrado por la fuerza avasallante del narcotráfico, estos choques no eran tan frecuentes y muchas rencillas podían limarse mediante la negociación. Salvo algunas excepciones, una alcaldía, una diputación o un maletín repleto de dinero podía poner fin al encono. Esa práctica era parte de una cultura en muchos estados del Sur del país. Ése era el juego en cuyo tapete de negociaciones salían a relucir las más turbias artes de la política. Ahora es distinto. El narco ha permeado todo y los barones de la droga no perdonan. Su ira es mucho más venenosa que cualquier otra forma de odio. Y es que dentro del negocio de las drogas pasarse de listo se paga con la vida.

Con el surgimiento de *Los Zetas* y la expansión del cártel del Golfo, el sur del país terminó invadido por el narcotráfico. Hasta la fecha sigue siendo importante para el tráfico de drogas. Lo anterior se refuerza con el mapa criminal de la PGR, el cual indica que la droga proveniente de Colombia, Bolivia, Perú, Venezuela o Belice es descargada en Cancún, Mérida o en Ciudad del Carmen. Luego es llevada al estado de Veracruz y posteriormente hacia Tamaulipas, donde una red de operadores se encarga de cruzar los cargamentos por las aduanas fronterizas.

Durante el gobierno de Vicente Fox —aunque seguramente siempre ha sido una práctica del narcotráfico— cobró auge el uso de la red aeroportuaria del país para mover cargamentos de cocaína y dinero. En todas estas operaciones de tráfico de drogas siempre se utilizó, como escudo, la protección tanto de altos mandos de la AFI como de la PFP, pues los agentes se convirtieron en fieles guardianes del narcotráfico y de los capos de la droga.

No sólo eso: también fueron usadas las aerolíneas comerciales, sobre todo las que vuelan hacia Sudamérica y Estados Unidos, para transportar grandes volúmenes de cocaína. Esta práctica, bastante explotada durante el llamado «gobierno del cambio», estuvo a punto de generar un escándalo internacional, pues surgieron fuertes protestas en Venezuela debido a que durante los años 2005 y buena parte del 2006 el vuelo de Mexicana de Aviación procedente de Caracas solía arribar al Aeropuerto Internacional de la Ciudad de México repleto de paquetes de cocaína pura. Los cargamentos, sin diferencia alguna, eran vigilados por los agentes de la PFP adscritos a la terminal aérea, según señalan algunos reportes realizados por la Subprocuraduría General de Investigación Especializada en Delincuencia Organizada (SIEDO) que investigó el tráfico de drogas en el aeropuerto Benito Juárez.

A través del vuelo 374 de Mexicana, que tiene la ruta México-Venezuela-México, el envío de droga se convirtió en una práctica cotidiana de ese país hacia el territorio nacional. El periodo en que mayor cocaína se introdujo al país fue precisamente el que corresponde al pleito que protagonizaron los presidentes de ambos países, Hugo Chávez y Vicente Fox; choques políticos que sirvieron como una gran cortina de humo para disfrazar las buenas relaciones entre ambas naciones, sobre todo, en el comercio de las drogas.

El pleito Fox-Chávez brotó en 2005 y continuó durante el 2006. Las álgidas diferencias alcanzaron incluso al presidente nacional del PAN, Manuel Espino, quien pasó a ser una figura central durante ese largo periodo de conflicto entre ambos mandatarios. En septiembre de 2005, por ejemplo, el embajador de Venezuela en México, Vladimir Villegas, calificó al líder panista de mentiroso y cuestionó su constante entrometimiento en la vida interna de su país. Incluso llegó a comparar el discurso de Espino con el plan de George Bush para desestabilizar al régimen de Hugo Chávez.

Villegas endureció su posición contra Espino conforme se hacía más ancha la brecha del encono que dividía a Fox y a Chávez. Dijo: «Él ha dicho que va a participar en la campaña electoral de Venezuela y que va a ayudar a que Primero Justicia, un partido que participó en el golpe de Estado del 2002, gane las elecciones y libere a Venezuela de Chávez y esas tonterías.

»Si quiere participar en (la) política interna de Venezuela, lo he invitado a conocer cuáles son los trámites para que se nacionalice, pero, además, hemos invitado a que si está dispuesto a conversar, yo le puedo aclarar muchas dudas que pudiera tener con nuestro proceso.»

148

Paladín del gobierno de Estados Unidos, Vicente Fox incendió aún más su pleito con Chávez no sólo al criticar su régimen dictatorial sino al impulsar, en toda América, el llamado Acuerdo de Libre Comercio de América, proyecto que dividió a los países del continente por su rechazo a lo que muchos mandatarios —entre ellos el de Argentina, Néstor Kirchner— consideraron un peligro para Latinoamérica, por estar presente la mano de Estados Unidos. Pero en el terreno del narcotráfico, México y Venezuela parecían tener buen entendimiento. Por lo menos eso demuestran las facilidades con las que arribaban a los distintos aeropuertos mexicanos aeronaves cargadas con droga.

Un caso explosivo ocurrió en abril de 2006, cuando un avión procedente de Venezuela aterrizó en Ciudad del Carmen, Campeche, con cinco toneladas de cocaína. El escándalo salpicó a importantes directivos de la Comisión Nacional del Agua, a la Policía Federal Preventiva y a autoridades aeroportuarias, por estar presuntamente involucrados en la protección de ese cuantioso cargamento de droga que, según la PGR, tenía un destinatario: Joaquín Guzmán Loera, *El Chapo*.

La historia:

El avión DC-9 encendió las turbinas y todo parecía listo para despegar del aeropuerto de Maiquetía, Venezuela, con destino a la ciudad de Toluca, cargando con cinco toneladas de cocaína debidamente empaquetada y guardada en 128 maletas de viaje.

El despegue, sin embargo, se complicó aparentemente por una falla mecánica, que obligó a los pilotos José López y Miguel Vázquez Guerra a regresar a la plataforma de desembarque. Ahí permanecieron varias horas, hasta que se arregló el desperfecto en una de sus compuertas. La preparación de este vuelo fue complicada y en la película de su travesía se registran varios episodios que dan cuenta de cómo se movilizaron tanto autoridades como las células del cártel de Sinaloa —sobre todo su ala operativa en el sureste del país— para dar protección al cargamento de drogas más cuantioso que se haya pretendido introducir a México vía aérea, sobre todo cuando los aviones, según la PGR, han dejado de ser un medio seguro para las organizaciones criminales.

149

Días previos al embarque y transporte de la droga, un nutrido equipo de agentes de la PFP se diseminaron al menos en cinco aeropuertos del país —Monterrey, Toluca, Campeche, Mérida y la ciudad de México— para lograr negociar, a cambio de fuertes cañonazos de dólares, que la droga llegara segura a su destino.

En esas terminales aéreas la estrategia fue la misma: detectar como estaban los movimientos policiacos, supervisar si había perros entrenados para la detección de drogas y pulsar el rigor de la vigilancia, así como la flexibilidad del personal, su capacidad de entrenamiento y la honestidad con la que realizaban su trabajo. El acercamiento frecuente con las autoridades aeroportuarias, así como con agentes de la AFI y de la Policía Fiscal, sirvió para medir qué tan fácil o difícil sería que el DC-9 aterrizara con seguridad.

Aquella mañana del 11 de abril de 2006, el movimiento aéreo era intenso en el aeropuerto venezolano. Miguel Vicente Vázquez Guerra, uno de los pilotos contratados dos días antes para ese viaje, había llegado muy temprano al aeropuerto de Maiquetía para supervisar el avión DC-9.

—Vamos a México, amigo. Es un vuelo de carga y habrá buena paga —le dijo López a Vázquez Guerra, sin darle mayores detalles.

José López amarró el trato con Vázquez previo arreglo económico: le ofreció 200 dólares por hora. Además, le daría 250 dólares diarios, más viáticos y trato especial a su llegada: hospedaje en hotel de lujo, entre otras atenciones. Y enseguida el capitán López sacó de su bolsa 2 mil 500 dólares como adelanto.

Cerca del mediodía, luego de tomar un café, los pilotos se dirigieron al avión DC-9 matrícula N900SA. Vázquez Guerra, el copiloto, realizó las revisiones de rigor: checó las llantas, midió la cantidad de combustible, recorrió la aeronave para verificar si no tenía golpes o alguna avería y luego subió a la cabina, donde ya se encontraba el capitán José López, presunto contacto de los narcotraficantes receptores de la droga, quien se comunicaba con la torre de control en preparación para su salida.

Antes de sentarse en su lugar, Vázquez miró sin curiosidad hacia su lado izquierdo y al fondo del avión observó, sin asombro, que el pasillo iba atiborrado de maletas azules y negras. Y según afirma en su declaración ministerial, no preguntó nada sobre su contenido. Enseguida se acomodó en su asiento. Momentos después encendieron las turbinas del aparato. El avión no presentaba ninguna falla.

En México, sin embargo, se fraguaba otra operación, en medio de tensiones, para recibir la droga. Con varios días de anticipación, al menos cuatro agentes de la PFP realizaron varias maniobras sospechosas: se acercaron a los vigilantes de la terminal aérea de Campeche para preguntarles si los perros detectaban cocaína o alguna otra sustancia; también pretendieron instalar un sistema, según ellos, para registrar las aeronaves que aterrizaran durante el día. Los argumentos no convencían a las autoridades del aeropuerto, pero en ese momento guardaron silencio porque los policías portaban gafetes oficiales que los acreditaban como agentes de la PFP adscritos a dicha terminal aérea.

En Toluca, Estado de México —destino final del DC-9— las gestiones de los agentes de la PFP fueron similares, aunque con mayores alcances: según el expediente del caso, ofrecieron hasta 1,500 dólares por cada kilo de cocaína transportado en el avión, a los elementos de la Policía Fiscal, pero no tuvieron éxito. Los agentes fiscales rechazaron la oferta bajo dos argumentos, según se supo después: que les pareció poco el dinero y consideraron demasiado riesgosa la operación. Pese a ello, no denunciaron el hecho.

El 10 de abril —un día antes del aterrizaje del DC-9— agentes de la PFP arribaron al aeropuerto de Campeche. Se les vio con una actitud extraña, inusual en los agentes que ya conocen los movimientos de un aeropuerto. Ese raro comportamiento de los policías fue percibido por José Ángel Uc May, quien días previos había sido comisionado como canófilo (inspector apoyado por un perro) en esa terminal aérea.

Al interior del aeropuerto un agente de la PFP se le acercó, curioso, y le hizo varias preguntas que pusieron en alerta al inspector Uc May.

—¿Cómo se llama tu perro? —le preguntaron.
—Destreza.
—¿Tiene grabado el aroma de la orina, la mariguana y la cocaína?
—Sí.

Tras la pregunta, el canófilo se retiró con su perro.

En vísperas de la llegada del DC-9, otros preparativos se realizaban en el aeropuerto de Toluca, Estado de México. Los pilotos de la Comisión Nacional del Agua, Fernando Poot Pérez y Marcos Pérez de Gracia se preparaban para volar de Toluca a Campeche en un avión Falcon 20. Se asegura que, como los agentes de la PFP no habían logrado amarrar el aterrizaje seguro del DC-9 en Toluca, pues la Policía Fiscal —que se encarga de revisar sólo los vuelos internacionales— no había aceptado proteger el cargamento, era necesario que el avión procedente de Venezuela hiciera una escala en algún aeropuerto del país, a fin de convertir en nacional el vuelo cuyo destino final era la ciudad de Toluca. De esa manera, la Policía Fiscal quedaría anulada y sólo la PFP —protectora de la droga— revisaría sin problemas la aeronave que traía el cargamento.

Los pilotos Poot Pérez y Pérez de Gracia trabajaban para Conagua en el momento de la operación. Sin tener autorización de su jefe, Luis Ureña Trujillo —encargado del área de transporte aéreo—, ambos pilotos se prepararon el 9 de abril de 2006 para transportar a tres pasajeros (luego se sumó una cuarta persona) en el avión Falcon 20, propiedad de la compañía *Todo para la Aeronáutica*, cuya base de operaciones está en Guadalajara, Jalisco. Dicha aeronave tiene la matrícula XB-IYK y arribó a la terminal de Toluca a finales de marzo. Quedó bajo la supervisión de la empresa de Servicios Avemex, S.A. de C.V.

Los pilotos de Conagua no eran improvisados. Poot Pérez había sido piloto del ex gobernador de Quintana Roo, Mario Villanueva Madrid; Pérez de Gracia tenía una amplia trayectoria y muchas horas de vuelo, pues había piloteado aviones comerciales en Israel.

Orlando Flores Rueda —quien se sumó al presunto grupo de narcotraficantes aparentemente por una casualidad— dice que el 9 de abril se encontraba en la central de autobuses Tapo de la ciudad de México buscando trabajo. Eran como las nueve de la mañana y caminaba de un lugar a otro un tanto nervioso. Para saciar su hambre se compró un paquete de galletas y un refresco.

Mientras comía, se sorprendió al ver que se acercaba una mujer de tez blanca, cabello castaño y ojos aceitunados. Y se quedó atónito conforme aquella dama elegante se acercaba mirándolo fijamente, como decidida a cortejarlo a primera vista. Su imaginación voló al ver su cuerpo escultural.

—¿Qué haces aquí? —le preguntó la mujer de voz suave.

—Ando buscando trabajo.

—¿Quieres ganarte un dinero?

—Me caería muy bien porque ando muy mal económicamente.

—¿Sabes manejar?

—Sí.

—¿Manejas rápido?

—Sí.

Después de la breve charla, la dama de tez blanca le expuso los requisitos para obtener el trabajo que le ofrecía: «Sólo tienes que ser puntual y responsable».

Tal y como se había acordado, el 9 de abril Orlando Flores llegó a la cita. Eran las 9 de la mañana y la dama elegante estaba parada junto a un coche BMW gris estacionado en una calle de la zona residencial de Santa Fe. A quince metros de distancia Orlando vio una Cherokee. El contacto de Flores sacó de su bolsa dos mil pesos y se los entregó, le dio las llaves de la camioneta. Siguieron las instrucciones: «Vas a llevar a esas personas (tres en total) al aeropuerto de Toluca o a donde te indiquen. Dejas la camioneta en el aeropuerto, la recoges el día 11 y la regresas a este punto».

—Necesito una identificación tuya —le dijo la mujer.

Orlando le entregó su credencial de elector, se subió a la camioneta y emprendió la marcha rumbo al aeropuerto de Toluca con las tres personas a bordo, quienes dijeron llamarse —así lo registraron en la bitácora de vuelo— Carlos Martínez, Francisco Hernández y Mario Romero. (Después se sabría que uno de los pasajeros del Falcon 20 era Policarpio Ramírez Coria, agente de la PFP, y que Flores Rueda sí conocía al grupo.) En la terminal aérea, uno de los pasajeros que traía una camisa verde lo invitó a dar un paseo.

—¿A dónde? —preguntó Flores Rueda.

—Es aquí cerca, como a una hora y media —respondió el hombre de la camisa verde.

Flores Rueda aceptó y se convirtió en el cuarto pasajero del avión Falcon 20 que, piloteado por los aviadores de Conagua, partió con destino a Campeche el domingo 9 de abril.

Los planes del grupo indicaban que estarían en Campeche un solo día, pero la estancia se alargó a dos días y medio, ya que el DC-9 no llegó el día que estaba programado, 10 de abril, sino el 11.

Como si ya se conocieran de tiempo atrás, al llegar a Campeche los pilotos y tripulantes del Falcon 20 —y algunos agentes de la PFP contactados en Ciudad del Carmen— se dirigieron al hotel Hacienda Real, donde ocuparon cinco habitaciones, registradas con los números 101, 119, 123, 201 y 202, las cuales fueron pagadas por un sujeto que dijo llamarse Roberto Martínez. La factura salió a nombre de la empresa Constructora Gordillo S.A. de C.V., cuya propiedad se le atribuye al poderoso empresario Augusto Gordillo, asentado en Campeche desde hace varios años y quien alcanzó su etapa de bonanza durante el gobierno de Jorge Salomón Azar. Los empleados del hotel Hacienda Real emitieron a nombre de dicha compañía las facturas A 11219, A 11220 y A11222.

En el mismo hotel y como presuntos protectores del grupo de narcotraficantes también se hospedaron dos agentes de la PFP que, días previos al aterrizaje del DC-9, se les vio en la terminal de Campeche realizando trabajos de inspección. Los agentes son Ramón González Virgen y Erick Gregorio Roldán Marín, quienes se instalaron en las habitaciones 201 y 101, respectivamente.

Los agentes de la PFP no tenían mucho tiempo en Campeche. A principios de 2006, la encargada del Grupo de Inteligencia Territorial en esa entidad era Nancy Benítez Amaro, quien por motivos personales, según argumentó, fue removida del cargo y concentrada en la ciudad de México. Su lugar lo ocupó Ramón González Virgen, cuya pareja inseparable era Erick Gregorio Roldán. Desde que llegaron a Campeche compartían un departamento. Otros agentes sumados al citado grupo policiaco eran Óscar Ramos González y José Juan Martín Ortega Luna.

El sábado 8 de abril las tensiones comenzaron a notarse en el comportamiento de los agentes. Ese día González Virgen y Roldán comían en una cocina económica del centro de la ciudad de Campeche. Al lugar llegó Ortega Luna y aprovechó para pedirle un permiso a su jefe, González Virgen, para Viajar a Coatzacoalcos, Veracruz, a ver a su hija recién nacida.

—Jefe —le dijo con voz suave y sumisa—, necesito el permiso. Acaba de nacer mi hija y quiero conocerla.

—Espérate tantito —respondió González mientras se engullía un bocado—. Aguántate unos días.

—¿Hay algo importante que hacer? —preguntó Ortega.

—No… Pero hay que estar pendientes. Luego te aviso si hay algo.

Por la tarde Ortega Luna y Óscar Ramos González se cambiaron de casa. Cerca de las cinco le marcaron al celular a González Virgen y a Erick Gregorio Roldán, pero nunca respondió. A José Juan y a su compañero les extrañó la falta de respuesta, por lo que más tarde salieron en busca de sus amigos a bordo de sus motocicletas.

El reloj marcaba las 8 de la noche. Después de varios intentos, por fin Erick Roldán le contestó el teléfono a Ortega Luna.

—¿Dónde estás? —preguntó Ortega.

—Estoy cenando. No te contestaba porque no tenía crédito —explicó Roldán Marín con la voz temblorosa, como si estuviera saturado de tensión.

—¿Sabes si el jefe me dio el permiso para ir a Coatzacoalcos?

—No sé nada.

Cerca de las diez de la noche, Óscar Ramos González, compañero de Ortega Luna, recibió un mensaje de texto en su celular. El remitente era Erick Roldán: *Dile a Luna que ya hablé con Virgen y que ya autorizó su descanso…* Como impulsado por un resorte, el agente Ortega cogió una maleta y partió a ver a su hija.

Antes de partir a la central camionera, Ortega Luna se extrañó al ver a su compañero Óscar Ramos sin el radio marca MATRAC que, como agentes federales, tenían bajo resguardo.

—¿Dónde está tu radio? —le inquirió.

—Se lo presté a Ramón (González Virgen) porque llegó al otro departamento y me lo pidió. No sé para qué, pero se lo di…

Tanto González Virgen como Erick Roldán tenían comportamientos extraños, que ante los ojos de sus compañeros parecían sospechosos. Con frecuencia solían desaparecerse por varios días sin dar explicación alguna. A menudo también eran vistos con personas que no eran de la región, cuya cercanía justificaban argumentando que se trataba de amigos o familiares.

El 9 de abril Óscar Antonio Ramos González descansaba en su departamento. Estaba solo, pues su compañero andaba de viaje. Cerca del mediodía salió a ponerle gasolina a su coche. Ese día no tuvo comunicación con González Virgen ni con Erick Roldán. Al día siguiente —horas antes de la llegada del DC-9— Antonio le llamó a sus compañeros. Nadie respondió. Por la noche recibió un lacónico mensaje en su celular. Era González Virgen: *Me voy a reportar a las oficinas de la ciudad de México.*

De Venezuela a Barranquilla

Cuatro meses después de estar bajo los reflectores internacionales por la presunta protección al narcotráfico, las autoridades antidrogas de Venezuela lograron cambiar la historia sobre el embarque de cocaína decomisado el 10 de abril en el aeropuerto de Campeche.

La investigación de la Oficina Nacional Antidrogas de Venezuela, a cargo del comisario Luis Correa Fernández, logró establecer varias conclusiones que modificaron en parte las conjeturas de la Procuraduría General de la República. A la nueva historia de esta operación de narcotráfico, con la que el gobierno de Venezuela pretendió zafarse del entramado criminal, se contraponen con las declaraciones rendidas por las personas implicadas —pilotos, agentes federales, funcionarios aeroportuarios, entre otros— en la averiguación previa PGR/SIEDO/UEIDCS7071/2006.

El informe venezolano documenta un cúmulo de irregularidades que no forman parte de la investigación a cargo de la PGR:

Que el avión Douglas DC-9 no fue cargado con las cinco toneladas de cocaína en el aeropuerto de Maiquetía, Venezuela. En tres ocasiones, después de haber despegado aparentemente sin contratiempos, la aeronave regresó a la terminal aérea al presentar fallas mecánicas en una de sus compuertas.

Grabaciones de las autoridades aeronáuticas de Venezuela e información de inteligencia determinaron que el avión no se abasteció de suficiente combustible en Venezuela (cargó únicamente 6 mil 455 litros), como para llegar a su destino, Ciudad del Carmen, Campeche, pues sólo tendría dos horas de autonomía.

157

Los reportes señalan que el piloto Alberto Damián, quien realizó el plan de vuelo Venezuela-Ciudad del Carmen, no es el mismo que llegó al aeropuerto mexicano el 10 de abril de 2006 en el DC-9.

Grabaciones sobre la comunicación que tuvieron los pilotos del DC-9 en varios momentos establecen que la aeronave realizó un aterrizaje en el aeropuerto de Barranquilla, Colombia. Este hecho fue acreditado por el equipo investigador venezolano, el cual robustece la hipótesis de que en esa provincia colombiana fue cargado el avión con las cinco toneladas de cocaína.

Con base en estos argumentos, la investigación del DC-9 dio un drástico giro. De esta forma, el gobierno venezolano trató de aclarar que el cargamento de droga no fue embarcado en el aeropuerto de Maiquetía.

La versión venezolana, como ya se dijo, se contrapone con el expediente de la PGR, el cual registra que los pilotos que arribaron a Campeche en el DC-9 son José López y Miguel Vicente Vázquez Guerra. El primero está prófugo. Logró escapar pocos minutos después del aterrizaje y en la forma más natural.

—Voy a checar el papeleo del vuelo y a pagar —le dijo López a Vázquez Guerra.

—Está bien, en un momento te alcanzo —respondió Vázquez.

Ya no lo volvió a ver.

Según la investigación de los venezolanos, la aeronave DC-9 de bandera norteamericana —propiedad de la empresa Royal Sons Inc.— hizo su primer despegue a las 0:30 de la madrugada del 10 de abril, pero dos horas más tarde —a las 2:30 horas— regresó al aeropuerto de Maiquetía aparentemente por una falla que el avión presentó en una de sus compuertas. Pese a ello, los venezolanos reportan que ningún mecánico aéreo arribó a la terminal para reparar la falla.

Uno de los datos que más llama la atención, según el informe de Venezuela, es que el capitán de la aeronave era Alberto Damiani, pero cuando la aeronave despegó ya era piloteada por José López y Miguel Vicente Vázquez Guerra, es decir, el piloto que realizó el plan de vuelo finalmente no operó el avión y cedió su lugar a uno de sus presuntos cómplices. Otra contradicción: la indagatoria citada sostiene que el avión llegó el 10 de abril a las 11:45 horas al aeropuerto de Ciudad del Carmen, Campeche, lo que refleja un tiempo de vuelo aproximado de siete horas.

Para los investigadores venezolanos, esto es imposible debido a que el avión no tiene una autonomía para volar siete horas. De acuerdo con el reporte de inteligencia, bajo esa lógica, la aeronave tuvo que aterrizar en algún sitio para poder abastecerse de combustible y poder llegar a México. Todo esto, como ya se dijo, motivado porque el combustible que cargó en Venezuela no era suficiente.

Hay más dudas: el tiempo de vuelo de Venezuela a Ciudad del Carmen (México) es de tres horas. Según el informe, «existe una diferencia de cuatro horas. El capitán estableció una ruta aérea específica en el plan de vuelo, la cual no establecía pasar por territorio colombiano. Pese a ello, se desvió y entró al espacio aéreo de Colombia.

Lo anterior se corrobora con una grabación entre los pilotos del DC-9 y la torre de control de Barranquilla, Colombia, en la que, con interferencia, se escucha a los pilotos solicitando autorización para aterrizar (presuntamente por otra emergencia), la cual recibió. En esa terminal aérea, según el informe de la Oficina Nacional Antidrogas de Venezuela, fue subido el cargamento de cocaína que llegó a México oculto en más de cien maletas.

En la travesía existen otras irregularidades, en las que incurrieron las autoridades de Aeronáutica Civil de Venezuela y Colombia, respectivamente. El peso total de la aeronave, según los datos registrados, es de 65 mil 700 libras. Dicha cifra fue declarada falsa por estar alterada; otra omisión —y ése es un delito grave— es que el piloto Vázquez Guerra, único detenido de la tripulación, no estaba autorizado para pilotear aviones DC-9.

En su cédula de identidad número 5750115 aparece registrado en la división de licencias del Instituto Nacional de Aeronáutica Civil como piloto de aeronaves Ac90, Lear 25, HS-125 y 737-300. Con base en estos datos, se comprobó que estaba impedido para pilotear un DC-9. Pese a ello lo hizo y el error se atribuye «a que fue controlado e inspeccionado por las autoridades competentes».

En su informe, la Oficina Antidrogas de Venezuela se desliga de responsabilidad por el supuesto embarque de la cocaína. Con base en varias inspecciones realizadas en el aeropuerto de Maiquetía, se determina que el DC-9 no pudo cargar las cinco toneladas de cocaína en Venezuela debido a que el avión estuvo parado en la rampa número 7, ubicada en la zona de carga, donde existe una gran visibilidad para los responsables de la seguridad del Aeropuerto Internacional Simón Bolívar.

Dicho informe incluye fotografías de la aeronave antes, durante y después del despegue. Y en forma contundente asienta: *Razón por la cual subir la cantidad de 128 maletas al avión en cuestión genera un tiempo prolongado, medios de transporte y gran cantidad de personal, pero no puede pasar desapercibido por los puntos de control militar y de seguridad aeroportuaria que se encuentran ubicados en toda la instalación de este aeropuerto.*

El avión del Chapo

El 10 de abril, las células del cártel de Sinaloa comenzaron a movilizarse en gran parte de la República. El avión con las cinco toneladas de cocaína, presuntamente propiedad de Joaquín *El Chapo* Guzmán, estaba a punto de aterrizar en Ciudad del Carmen, Campeche. Con sus equipos especiales, La PGR y la DEA rastrearon varias llamadas telefónicas realizadas desde Nuevo León, Tamaulipas, Mérida, Yucatán y hasta de Estados Unidos. La indagatoria del caso identificó a Fernando Blengio Ceceña —también conocido como Raúl Jiménez Alfaro— como la cabeza de la célula del sureste. Trabajó con Albino Quintero Meraz y forma parte del cártel de Sinaloa. El cruce de las comunicaciones establece que, momentos antes del aterrizaje del DC-9, hubo cambios que pusieron en riesgo el cargamento de droga. Primero se dijo que aterrizaría en Mérida, luego que en Campeche.

Al llegar el DC-9 a Ciudad del Carmen, presentaba una falla que resultó escandalosa: una llanta del avión se sobrecalentó y empezó a echar humo, como si se estuviera quemando. El problema se resolvió. Pero al interior del aeropuerto había muchas sospechas. Los pilotos de Conagua —que llegaron en el Falcon 20— habían hecho trámites para que el avión DC-9 cargara combustible y continuara su viaje. Tales trámites extrañamente fueron cancelados supuestamente por un mal entendido. Y es que el plan original era que el avión volara de Ciudad del Carmen a la ciudad de Toluca. Al ser revisado el avión, se encontraron las maletas con la droga. Los perros entrenados para la detección de cocaína se alteraron en el interior de la aeronave. No había duda: el avión tenía que ser revisado. Para entonces, las autoridades del aeropuerto habían dado aviso al Ejército y a la PGR, cuyos elementos se desplazaron a la terminal aérea, subieron al avión y enseguida ordenaron abrir las maletas. En su interior estaban debidamente acomodados unos tabiques. Era la cocaína que, según la PGR, esperaba *El Chapo* Guzmán.

Uno de los pilotos, José López, desapareció del escenario. Nadie más supo de su paradero. Vázquez Guerra, sin embargo, fue detenido y dos días después declaró lo que vio desde que salió de Venezuela:

Que cuando subió a la aeronave para preparar el despegue, enseguida me dirigí a la cabina del avión, lugar en el que ya se encontraba José López, capitán y responsable del vuelo. Y al subir vio lo siguiente: *Que al voltear al lado izquierdo me percaté que el avión se encontraba lleno de maletas en los asientos de los pasajeros. Eran como 15 maletas, mismas que eran de color azul oscuro o negras y enseguida me dirigí a la cabina del avión.*

Luego narra lo que pasó después del abordaje: *Enseguida hicimos una lista de chequeo, consistente en llamar a la torre de control y autorizaron el despegue. Como a los tres minutos tuvimos una falla de compuerta del tren de aterrizaje, regresando al aeropuerto de Maiquetía, Venezuela, y una vez que aterrizamos los mecánicos, los cuales no sé como se llaman, pero son amigos del capitán José López, revisaron el avión. Esto pasó a las tres horas con treinta minutos de la tarde.*

El piloto nada dice sobre los otros aterrizajes, presuntamente motivados por fallas técnicas. Y asienta:

Luego de resolverlo, nos dirigimos a Ciudad del Carmen, Campeche, esto en virtud de que en el plan de vuelo estaba programada dicha escala técnica a efecto de suministrar combustible. Hicimos de vuelo tres horas con cuarenta minutos, aproximadamente y en el transcurso del vuelo platiqué con el capitán de lo siguiente: me decía que iba a buscar un hotel bueno en Toluca, que ibamos a estar dos noches y regresaríamos nuevamente a Venezuela y esto fue lo único que platicamos, ya que el capitán no platicaba mucho. Una vez que aterrizamos, la Torre de Control nos dice que el avión está echando humo por la llanta del lado izquierdo, una vez que nos paramos en la rampa vimos que echaba humo y enseguida llegaron los bomberos.

La investigación de la PGR detectó varias falsedades y contradicciones en la declaración rendida por el piloto Vázquez Guerra. En una declaración anterior dijo que había sido contactado por el piloto José López, pero su contacto real fue su hermano Carmelo Antonio Vázquez Guerra, según consta en la factura 22473 expedida por el hotel «Operadora El Gran Hotel» de la ciudad de Toluca, Estado de México, a donde estuvieron hospedados el 23 de marzo presuntamente afinando los detalles para la recepción del DC-9.

Vázquez expuso que sólo había venido a México en una sola ocasión, pero su dicho resultó falso. Según la PGR, estuvo en el país, como ya se dijo, el 23 de marzo para recibir su licencia mexicana de piloto aviador. Tiempo atrás, había ingresado a México piloteando el avión Falcon 20, el mismo en el que los pilotos de Conagua, Fernando Poot Pérez y Marco Aurelio Pérez de Gracia, transportaron a cuatro personas —entre ellos a unos agentes de la PFP— a Ciudad del Carmen, Campeche, para recibir el avión cargado con droga procedente de Venezuela.

La PGR expone otras conclusiones criminales:

Mediante un cateo a una casa en Bahías de Huatulco, Oaxaca, se determinó que la empresa «Todo para la Aeronáutica» *mantiene relación con Raúl Jiménez Alfaro, Carlos García León, Carmelo y Miguel Vázquez Guerra, Raúl Sermeño y César Guardia.* También encontraron *factura original 4097 emitida el 28 de diciembre de 2005 en Caracas, Venezuela, a nombre de Raúl Jiménez por concepto de boleto de avión para el pasajero Fernando Poot, aunado al itinerario de vuelo a realizarse el 29 de diciembre del 2005 a nombre* del piloto de Conagua. Se encontró, a su vez, un boleto electrónico de Mexicana de Aviación a nombre de Poot, fechado el 25 de diciembre de 2006. Según el testigo Francisco Ortega Barajas, implicado en el negocio de la droga, los pilotos Poot Pérez y Pérez de Gracia llegaron al aeropuerto de Toluca el 24 de marzo de 2006 y, según la PGR, empezaron a colaborar en los preparativos para la recepción de la droga. En esa fecha se encontraban en México los hermanos Vázquez Guerra. Desde esa fecha y hasta el 9 de abril, el avión Falcon 20 permaneció en esa terminal aérea. Un día después voló a Campeche para recibir al DC-9. La PGR logró saber, a través del Instituto Nacional de Migración, que el piloto de Conagua, Poot Pérez, viajó a Venezuela el 6 de abril de 2006, cuatro días antes del aterrizaje del DC-9. El contacto del grupo se llama Fernando Blengio Ceceña —también se hace llamar Raúl Jiménez Alfaro— cuya tarea en la organización criminal es proveer aviones, boletos de avión, hospedaje y alimentación.

El expediente de este caso da cuenta que un nutrido grupo de agentes de la PFP, ligados al cártel de Sinaloa y a su ala en el sureste mexicano, mantienen un férreo control en los aeropuertos de la Ciudad de México, Tijuana, Guanajuato, Mérida, Cancún, Campeche, Tabasco y Veracruz. En estas y otras terminales aéreas opera una bien articulada red de agentes que facilitan el tráfico de drogas a través del sistema aeroportuario nacional, en donde el tráfico de drogas —según la investigación citada— se realiza en las líneas comerciales.

Uno de los casos más escandalosos es la presunta participación de la aerolínea Mexicana de Aviación en el tráfico de drogas desde Sudamérica. Procedente de Caracas, el vuelo 374 de la línea Mexicana aterrizó en la terminal aérea de la ciudad de México, después de poco más de tres horas de trayecto. Apenas el avión se detuvo en la plataforma de desembarco, la gente comenzó a levantarse de sus asientos y entre los reducidos pasillos se abrían espacios para salir de la aeronave.

El equipo terrestre emprendió su marcha hacia el avión para abrir las compuertas y bajar el equipaje. Cientos de maletas de distintos tamaños eran colocadas en el carrito que las llevaría a la banda previamente indicada para recogerlas. Apiñados en una de las bandas, la gente levantaba la cabeza para ver si sus maletas ya eran acarreadas por la ruidosa correa metálica. Minutos después, decenas de manos se estiraban para tomar a su paso las maletas y poco a poco la banda electrónica se fue quedando vacía, pero siguió su imparable movimiento circulatorio.

Sobre la plataforma giraban seis maletas que nadie recogió. A la distancia, el equipaje traía sus respectivas etiquetas. Era la contraseña de que habían sido formalmente documentadas desde su salida del aeropuerto de Maiquetía, Venezuela. Al transcurrir el tiempo, el personal de vigilancia de la terminal se acercó a la banda y procedió a resguardar el equipaje, en espera de que sus dueños aparecieran para reclamarlo.

El equipaje no traía ropa, según se supo después, sino 50 kilos de cocaína cada una. Para resistir el peso, las maletas estaban reforzadas con placas metálicas sujetas con cuatro tornillos en la parte superior y lateral, respectivamente. Extrañamente nadie se presentó a reclamarlas, a pesar de que de que las etiquetas tenían registrados los nombres de Ramírez John, González William, Graterol María y Guzmán Arturo. Según los datos confirmados en el aeropuerto, estos pasajeros no viajaron aquel 25 de octubre en el vuelo 374 de Mexicana.

Este aseguramiento provocó una fuerte confrontación entre las autoridades aeroportuarias de Venezuela y la línea aérea Mexicana de Aviación, cuyos directivos se vieron implicados en un escándalo internacional por el constante tráfico de cocaína en los aviones de la empresa.

Y es que no era la primera vez que en los vuelos de esa aerolínea se transportaba cocaína de Sudamérica. Durante el sexenio de Vicente Fox fue una práctica constante que no se pudo frenar a pesar de la vigilancia policiaca. En el aeropuerto de la ciudad de México, eran frecuentes ese tipo de aseguramientos, como también resultó común enterarse de que buena parte de la droga decomisada no se entregaba a la PGR ni al Ejército para su destrucción, sino que los propios agentes adscritos a la terminal aérea se quedaban con gran parte de los tabiques de droga que luego ellos mismos comercializaban incluso dentro del propio aeropuerto.

El 27 de octubre de 2006, Randy Rodríguez Espinoza, comandante de la Unidad Especial Antidrogas de Maiquetía, Venezuela, se mostró sorprendido por el intenso tráfico de drogas a través de los aviones de Mexicana. Preocupado por el gran movimiento de estupefacientes, ese día le envió una carta, con carácter de «extrema urgencia», a Edgar Correa, gerente general de la aerolínea.

Tengo a bien dirigirme a usted, en la oportunidad de hacerle llegar un cordial saludo institucional y a la vez solicitarle sus buenos oficios, en el sentido de remitir con carácter de extrema urgencia, a esta Unidad a mi mando lista de pasajeros que embarcaron en el vuelo Nro. 374, relación de peso y balance y/o cualquier otra información que guarde relación con los vuelos de la Línea Aérea Mexicana, del periodo comprendido del 22 de octubre de 2006 al 26 de octubre de 2006, dicha solicitud se relaciona con investigación que adelanta esta Unidad a mi mando.

El conflicto alcanzó dimensiones mayores. Días después al aseguramiento de la droga, el gobierno de Venezuela realizó gestiones, a través de su embajada en México, para cancelar por tiempo indefinido los vuelos de Mexicana hacia Venezuela, pues se aseguró que «esa aerolínea desprestigia los esfuerzos que realiza el gobierno venezolano en la lucha antidrogas».

Así como Venezuela cobraba fama por facilitar el asentamiento de importantes cárteles colombianos en su territorio, el Aeropuerto Internacional de la Ciudad de México era visto, desde Estados Unidos, como un peligro para la seguridad nacional estadounidense. Y es que a través de sus aduanas podía pasar todo tipo de mercancías ilegales: droga, dinero, armas…

En junio de 2004 se encendieron los focos rojos en dicha terminal aérea. Mediante una bien organizada operación, hasta ahora no aclarada, por la PGR, desaparecieron del recinto fiscalizado 3.2 toneladas de pseudoefedrina, base química para la elaboración de drogas sintéticas. Después de este hurto sobrevinieron varios asesinatos de funcionarios aduanales presuntamente ligados con el narcotráfico y a la red de corrupción que, al interior de las aduanas, operaba el ex director general de Aduanas José Guzmán Montalvo, protegido del ex secretario de Hacienda Francisco Gil Díaz.

Tiempo después y presuntamente por haber asegurado una maleta con dólares, fue asesinado fuera de su trabajo José Noé Garduño Fernández, subadministrador de Aduanas en el Aeropuerto capitalino, hecho que evidenció el poder y control que, desde entonces, ejercía el narcotráfico dentro de la aduana aeroportuaria.

Tiempo atrás, el Servicio de Aduanas y Seguridad Fronteriza había notado, con sorpresa mayúscula, el elevado flujo de drogas en la terminal aérea. Los indicadores resultaron alarmantes por el aumento en la llegada de droga a Estados Unidos a través de vuelos procedentes del aeropuerto mexicano. Los focos rojos se encendieron y la DEA emitió una conclusión contundente: «La lógica nos dice que si llega más droga en los aviones que salen del aeropuerto de la ciudad de México, es porque las autoridades la están dejando pasar. Eso es corrupción y colaboración de agentes aduanales con narcotraficantes».

Félix Gallardo y Amado Carrillo: los últimos jefes

Bajo el mando de Amado Carrillo Fuentes, el cártel de Juárez fue la organización criminal que mejor supo penetrar el aparato político en México. Solamente un hombre del sistema policiaco, conocedor como nadie de las arterias y cañerías de la policía, pudo cobijarse tanto tiempo detrás del manto protector del poder. En suma, sólo un policía, como lo fue Carrillo, podía hallar los recovecos, escudriñar en la entraña de la estructura política y mantenerse a salvo ante los embates del exterior. Y sólo un hombre tosco, aparentemente insensible, por cuya mente no cruzaban los nubarrones del temor, pudo soltarse a las fuerzas del destino para no depender de las propias y arrojarse al vacío en una aventura criminal de la que salió triunfante muchas veces, hasta que la naturaleza le antepuso un dique a su desafiante carrera. El momento de esplendor de Carrillo Fuentes, con toda la protección oficial, no tiene parangón en la actualidad. En el pasado, su sagacidad sólo puede ser comparada con la mente criminal más aguda de la historia del narcotráfico en México: Miguel Ángel Félix Gallardo, *El capo de capos*.

Sin ser propiamente su alumno (como sí lo fueron Joaquín *El Chapo* Guzmán y Héctor *El Güero* Palma Salazar), Amado Carrillo abrevó de toda la cultura narcoempresarial diseñada por Félix Gallardo; la cual sigue vigente en todos los cárteles de la actualidad. Este hombre, que solía aparecer públicamente embuchado en finos trajes de alto ejecutivo bancario, transformó la dinámica del narcotráfico al implementar la forma rectangular como el mejor esquema de operación de la llamada *narcoempresa*. No obstante, cuando Félix Gallardo cayó prisionero, en abril de 1989, Carrillo Fuentes compurgaba una corta pena de tres años, en el reclusorio Sur, por posesión de arma prohibida. Salió hasta 1991 y regresó al grupo criminal que le daba sentido de pertenencia: el cártel de Juárez. No estuvo formado a la hora en que Félix Gallardo repartió el territorio y soltó las riendas del poder, para que otros continuaran el negocio.

Más proclive a la negociación que a la violencia, *El Señor de los Cielos* hizo varios intentos por llegar a un acuerdo con el gobierno de Ernesto Zedillo, a fin de que le permitieran manejar con libertad el negocio de las drogas. Y mediante ese pacto, que se comenzó a negociar con las altas esferas militares, e incluso en la presidencia de la República, trató de poner fin a las persecuciones que lo aquejaban y que, según la versión oficial, fue la principal razón que obligó al capo a cambiar su fisonomía, mediante una operación de cirugía plástica, que en realidad fue un viaje sin regreso. La muerte salió al encuentro de Carrillo Fuentes el 4 de julio de 1997.

Antes de morir, Amado Carrillo vivía su etapa más boyante como cabeza del cártel de Juárez. Era el narcotraficante mejor relacionado con el poder político, militar y policiaco. Esta red de protección, amortiguada con los resortes del poder, era el soporte de su empresa criminal, pues podía operar con cierta libertad su negocio a gran escala, dentro y fuera del territorio nacional. Después de sufrir un atentado en 1993 en el restaurante Bali Hai de la avenida Insurgentes —presuntamente perpetrado por los hermanos Arellano Félix, sus principales rivales— del que salió ileso gracias a la protección que le brindó Alcides Ramón Magaña, *El Metro*, Carrillo Fuentes puso en marcha sus planes de expansión. Quería erigirse en la cabeza del monopolio más poderoso en el manejo de drogas en México. Seguramente lo habría logrado, pues Amado Carrillo era un sujeto superdotado: tenía una tenacidad a prueba de bombas y muchas de sus deficiencias las sabía suplir con trabajo: podía trabajar, sin reposo, hasta 15 horas diarias.

Para alcanzar sus objetivos, Amado Carrillo inauguró una base de operaciones del cártel de Juárez en la Península de Yucatán, y quiso que el estado de Quintana Roo fuera otra de sus principales plataformas de lanzamiento. En agradecimiento por haberle salvado la vida, Amado Carrillo le otorgó el mando de la plaza a Ramón Magaña, quien de ser un agente federal común y cualquiera pasó a formar parte del círculo más cercano de quien en ese momento era el narcotraficante más poderoso de México.

Alcides Ramón Magaña se asoció con Albino Quintero Meraz, un sinaloense, avecindado en el puerto de Veracruz, que formaba parte del cártel de Juárez, pero cuya función en el tráfico de drogas era menos rígida. Por aquel tiempo, 1993, las organizaciones criminales todavía no estaban abiertas a la negociación ni a crear sociedades con otros grupos. Los cárteles eran estrictamente piramidales y toda la estructura empresarial estaba dirigida por una sola cabeza. Pero Quintero Meraz, mejor conocido en el Golfo de México como *Don Beto*, servía a los intereses de Carrillo Fuentes y, al mismo tiempo, podía hacer negocios con Osiel Cárdenas. De hecho los hizo, según él mismo narró en sus declaraciones ministeriales, poco después de haber sido capturado en 2001.

El cártel de Juárez, cuyos orígenes se remontan a la época del cacique Pablo Acosta Villarreal (una de las piezas clave de la organización que encabezaba, en los años setenta, Miguel Ángel Félix Gallardo), crecía y poco a poco se convertía en la empresa criminal consentida del gobierno de Ernesto Zedillo.

A finales de los sesenta, en la escuela de agronomía Hermanos Escobar de Ciudad Juárez, Chihuahua, un diminuto estudiante, de nombre Mario Villanueva Madrid, daba sus primeros pasos para graduarse como ingeniero agrónomo. Lejos, muy lejos estaban los escándalos, la riqueza, el poder y el sufrimiento que después lo acometerían. Había llegado a esa ciudad fronteriza por estrictas razones académicas, cargado de sueños e ilusiones, apoyado con una beca que le habían otorgado para cursar sus estudios. Sus amigos más cercanos le llamaban *El Caballo*, por el defecto facial que lo distingue. Era un estudiante callado, discreto y aplicado. Siempre era visto con una libreta, que cuando no la traía en la mano la portaba en una de las bolsas traseras del pantalón. Comenzó estudiando agronomía en la escuela citada y, tiempo después, tuvo que terminar su carrera en la ciudad de Chihuahua, cuando la escuela de agronomía pasó a formar parte de la Universidad de Chihuahua. Al terminar sus estudios, Villanueva Madrid regresó a Quintana Roo, donde fue apoyado por el entonces gobernador Jesús Martínez Ross, quien lo encaminó por la política hasta convertirse, más tarde, en gobernador del estado.

Nadie sabe si los planes de expansión del cártel de Juárez coincidieron, causal o deliberadamente, con la carrera de Villanueva Madrid. Lo cierto es que cuando *El Chueco*, como también le llaman a Villanueva, asumió el poder en Quintana Roo, las células del cártel de Juárez también se posicionaron en la entidad durante todo su mandato. Buena parte de los cargamentos de droga que recibía la llamada «célula del sureste» provenía de Colombia y llegaba por Cancún o por alguna otra ciudad del estado. Los aviones cargados con cocaína, según las investigaciones de la PGR, aterrizaban en pistas clandestinas y hasta en el aeropuerto internacional de Chetumal, para luego ser descargadas en el propio hangar del gobierno del estado.

Durante los primeros años, Villanueva gobernó sin sobresaltos. Priista de hueso colorado, supo sortear sus diferencias y siempre alcanzó los acuerdos incluso con el presidente de la República, Ernesto Zedillo, quien llevaba una estrecha relación con Mario Villanueva.

Durante el gobierno de Zedillo, el cártel de Juárez fue la organización consentida del régimen. Tanto del Ejército mexicano como de la Presidencia de la República, se emitieron claras señales para entablar contacto con Amado y Vicente Carrillo Fuentes, para negociar con ese grupo criminal. Dos vías se utilizaron para lograr el acercamiento: uno fue el general Jorge Mariano Maldonado Vega —amigo de Amado Carrillo—, y el otro el periodista Rafael Pérez Ayala, columnista de *Excélsior* y abogado, quien solía presentarse como asesor del presidente Ernesto Zedillo y de algunos altos mandos del Ejército.

El general Maldonado Vega narró en su declaración ministerial, expediente 12/98, cómo lo contactaron, desde la Presidencia de la República, para que localizara a su amigo Amado Carrillo, pues había interés en negociar con el capo. En la Secretaría de la Defensa Nacional, entonces a cargo del general Enrique Cervantes Aguirre, se tenía conocimiento de la cercanía de Maldonado Vega con la familia Carrillo

Fuentes; ya que tiempo atrás, el general Maldonado le había salvado la vida a Amado Carrillo, cuando fue detenido por el Ejército en Huixopa, un poblado de la sierra sinaloense. Era el año 1989 y Amado Carrillo era un desconocido en el mundo de las drogas, aunque ya formaba parte del cártel de Juárez, por ese tiempo encabezado por Rafael Aguilar Guajardo.

Ese antecedente fue registrado en la Secretaría de la Defensa Nacional y, por ello, tenían conocimiento de la cercanía de Maldonado Vega con la familia Carrillo. Con base en lo anterior, al militar no le sorprendió que lo buscaran para contactar a Amado Carrillo.

Narra:

...Que a su vez el licenciado (Carlos Alberto) De la Cruz le presentó al licenciado y periodista Rafael Pérez Ayala... quien le pidió que si podía hacer contacto con el señor Amado Carrillo Fuentes, con la finalidad de poder tener una solución a la problemática que acontece al país por las ejecuciones y enfrentamientos de los grupos antagónicos de narcotraficantes y también con las autoridades civiles y militares, ya que esta problemática estaba empañando la imagen internacional de la República Mexicana y que para tal efecto contaba con el licenciado Rafael Pérez Ayala, con el apoyo de un grupo político del cual no le dijo mayor dato pero que se interesaba en contactar con Amado Carrillo Fuentes, con el fin de lograr un acuerdo y que como era sabido el declarante era la persona ideal para entablar esta relación, por lo que se trasladó a la ciudad de Culiacán, Sinaloa, para hacer contacto con un capitán y licenciado de nombre Rigoberto Silva Ortega, a quien tenía bien enterado de su teléfono y que esta persona podía enlazar la comunicación a través de terceras personas con la familia Carrillo Fuentes.

Por los medios a su alcance, Maldonado Vega había transmitido el mensaje a los Carrillo Fuentes. Les dijo que el interés en llegar a un acuerdo con ellos provenía de la Presidencia de la República y de la Secretaría de la Defensa Nacional. Pasaron algunas semanas. Un día llegó a la ciudad de México y se hospedó en el hotel Emporio del Paseo de la Reforma. Ahí recibió una llamada telefónica. Era Rodolfo Carrillo Fuentes, *El Niño de Oro*, quien le dijo:

—General, estamos interesados en la propuesta. Queremos hablar con usted.

Acordaron verse al día siguiente en la ciudad de México. La cita no fue en el hotel, sino en una casa ubicada en las Lomas de Chapultepec. El encuentro fue por la noche. Un chofer de los Carrillo pasó a recoger al general Maldonado, quien fue llevado al refugio de los jefes del cártel de Juárez.

El general Maldonado Vega abrió la charla con la propuesta de Rafael Pérez Ayala, la cual era bastante clara: *que terminaran las agresiones de grupos antagónicos y autoridades civiles y militares, situación que les pareció muy interesante a estos hermanos Carrillo Fuentes, quienes le indicaron al declarante que iban a llevar esta propuesta a su hermano Amado para posteriormente tener una respuesta al día siguiente.*

Muy entrada la madrugada Maldonado Vega fue llevado al hotel. Se encerró en su cuarto y ahí permaneció en espera de la respuesta de los Carrillo. La respuesta nunca llegó. Luego habló con Pérez Ayala en estos términos, según su testimonio: *...Le explicó al licenciado Pérez Ayala que no había tenido respuesta de la familia Carrillo Fuentes, indicándole el licenciado Rafael que no perdiera la calma y que siguiera insistiendo ya que esas cosas requerían de mucho tiempo, posteriormente al paso del tiempo se presentó la muerte de Amado Carrillo Fuentes en donde, no obstante esto, Rafael Pérez Ayala le indicó al declarante que siguiera insistiendo en que un representante de estas organizaciones de narcotraficantes nombraran un representante para dar a conocer la propuesta que se hacía con el fin de frenar la violencia de la Nación.* Según el testimonio de Maldonado Vega, Pérez Ayala hablaba a nombre del presidente de la República; y la propuesta hacia los narcos era la siguiente: *...Buscar una solución conjunta a la problemática del narcotráfico entre el Gobierno, Militares y Narcotraficantes, con dos líneas concretas, y la tercera que surgiera de los narcotraficantes, que serían las siguientes: Uso y venta de drogas, a semejanza de lo que sucedió en los Estados Unidos de América en donde al autorizar la venta ilegal de alcohol se abatió los aspectos delictivos provocados por la prohibición de venta de alcohol, la segunda línea sería la búsqueda de una amnistía con los narcotraficantes negociando la entrega del capital a la Nación y negociar penas corporales, la tercera escucharía a los narcotraficantes en la iniciativa que ellos plantearan; para eso (se requería) que el licenciado Pérez Ayala les enviara sus datos, nombres, teléfonos y celulares, para que ellos comprobaran su nivel de competencia profesional por haber* *sido asesor de dos presidentes anteriores y dos Secretarios de la Defensa anteriores, y para efectos de confianza les proporcionaba los datos expuestos...*

En un nuevo intento por contactar a los hermanos Carrillo, Maldonado Vega volvió a fracasar. Habló con Vicente Carrillo. Éste le dijo que ya estaban enterados de la propuesta de Pérez Ayala, le pidió que se comunicara con él al día siguiente. Carrillo Fuentes le dejó varios números celulares para que Maldonado se comunicara. Cuando el militar marcó, las líneas tenían un extraño sonido de ocupadas. Después de insistir varias veces, una voz masculina finalmente le respondió. Fue cortante:

—Dice el señor que no le interesa la negociación por no haber confianza. Por favor, no vuelva a marcar.

—Está bien —respondió Maldonado un tanto desconcertado y colgó el auricular.

El poder político y el narco

Los planes de expansión del cártel de Juárez en la Península de Yucatán y en Quintana Roo avanzaban a paso veloz, con el presunto apoyo del gobernador Mario Villanueva Madrid, quien se erigía como la figura emblemática más poderosa de la región.

Con una posición geográfica privilegiada, conexiones por ríos, lagunas y amplias comunicaciones hacia Estados Unidos, Quintana Roo fue utilizado como un estado ideal para el aterrizaje de aviones cargados de cocaína que, procedentes de Sudamérica, podían descender con protección oficial en cualquier punto de esa entidad. El territorio tenía decenas de pistas clandestinas bien acondicionadas para el aterrizaje de aviones. Las relaciones entre Mario Villanueva Madrid y el presidente de la República, Ernesto Zedillo, eran estables y se podría decir que había una buena comunicación. Más tarde, sin embargo, las diferencias surgirían y, según Villanueva Madrid, los desacuerdos por problemas de negocios serían la causa de su caída y de su desgracia política.

Pero Villanueva Madrid terminó vinculado a la célula criminal del cártel de Juárez hasta convertirse en una pieza clave en los proyectos de expansión de Amado Carrillo, según la investigación realizada por la PGR. Tan pronto como asumió el poder en Quintana Roo, trabó relación con Alcides Ramón Magaña, el principal operador de la llamada célula del sureste. Ese estrecho vínculo quedó acreditado en varios testimonios. Uno de los más explosivos, por el cúmulo de detalles que aporta, es el que rindió Albino Quintero Meraz, el socio de *El Metro*, quien desde el puerto de Veracruz operaba el negocio del narcotráfico en todo el Golfo de México y en gran parte de la Península de Yucatán.

Don Beto, como le llamaban a Quintero Meraz en su momento glorioso, cuenta cómo conoció a su socio Ramón Magaña, quien tiempo después lo presentó con Mario Villanueva. En el testimonio de Quintero se precisa el momento circunstancial en que estos personajes se encuentran, quizá sin proponérselo. Insaciables, lo quisieron todo: el dinero, el poder, las mujeres, los mejores coches, las joyas más relumbrantes...

Cuenta Quintero Meraz:

«...*En Mexicali conocí a Ramón Alcides Magaña (a) El Metro en 1989, ya que era jefe de grupo de la Policía Judicial Federal. Otra persona que llegué a conocer fue al gobernador de Quintana Roo, Mario Villanueva Madrid, a quien conocí por conducto del Metro Ramón Alcides... Me lo presentó en mil novecientos noventa y siete en el segundo piso del hotel Casa Maya de Cancún, Quintana Roo, en una habitación de Óscar Benjamín García (a) Rambo. En esa ocasión estuvimos «Metro», el señor Villanueva, el director de la Policía Judicial del estado, de apellido Marín Carrillo, quien era como de 45 años, güero, chaparrito, delgado, y yo. Recuerdo que, en esa ocasión, Óscar Benjamín se salió de la habitación. Esta reunión duró como una hora, más o menos, pero quien platicó con el Gobernador de Quintana Roo fue El Metro, en la recámara de la habitación, yo me quedé en la sala de dicha habitación y no supe qué trataron Metro y el señor Villanueva. Ese primer día, en que conocí al gobernador, recibí una llamada de Óscar Benjamín García, quien me mencionó que Metro iba a hablar con el señor Villanueva y que me fuera hacia donde estaban ellos para que lo conociera.*

Días antes Metro me mencionó que le iba a dar dinero al señor Gobernador para que no nos molestara. Al Gobernador de Quintana Roo lo volví a ver tres meses después, en la misma habitación, lugar en el que platicamos Óscar Benjamín, Metro, Mario Villanueva y yo, en esta reunión estuvimos como hora y media conviviendo, tomando cervezas, recuerdo que en la mesa había unas botanas y se comentó que iban a llevarle unas muchachas al Gobernador Villanueva. Este ofrecimiento, el de las muchachas, lo hizo el Metro, a lo que el gobernador contestó que estaba puesto y que le avisaran con Óscar cuando llegaran las muchachas. Por parte del gobernador Villanueva no recibí ningún apo-

yo, lo que hacía era no molestarme, es decir, que la Policía Judicial del Estado y los municipales no me detuvieran. Recuerdo que, en esos días, Metro me pidió una fotografía mía y fotos de Rubén Félix, Miguel González, Miguel Félix, Antonio Valdés, que en realidad es mi cuñado, Álvaro Muñoz Carrasco... (porque) Mario Villanueva nos iba a proporcionar credenciales de la Policía Judicial del estado de Quintana Roo, pero a mí nunca me entregaron la citada credencial, sin embargo, a las demás personas sí se les entregaron ya que yo se las vi. Con relación a Alcides Ramón Magaña en una ocasión su cuñado José Alfredo Ávila Loreiro me dijo que Alcides era uno de los socios principales del hotel Laguna Real de Cancún...

Mario Villanueva:
'Zedillo me traicionó'

Nueve días antes de concluir su mandato, Mario Villanueva Madrid desapareció de la escena pública. De buenas a primeras nadie lo volvió ver. No se presentó a entregar el poder a su sucesor, Joaquín Hendricks, a quien había impulsado para ser gobernador. Perseguido por la DEA y la PGR por sus vínculos con el narcotráfico, Villanueva se esfumó a pesar de que decenas de agentes federales le pusieron marca personal en vísperas del relevo gubernamental. En su despacho del palacio de gobierno sólo quedaron sus plumas y unos cuantos papeles sobre su escritorio. En aquella oficina, cuyas paredes eran fieles testigos de sus complicidades y chuecos arreglos, el silencio hacía pesado el ambiente. La silla vacía, sin la figura del gobernante dictatorial, se cubría de polvo con el paso de los días. Sobre la desaparición de Villanueva surgieron varias versiones: que se refugió en Cuba; que estuvo escondido en una casa propiedad de su amigo Víctor Cervera Pacheco; que se fue a Europa; que a la ciudad de México; que nunca se fue de Quintana Roo, que estaba en Belice...

La PGR le perdió la pista en marzo de 1999, cuando desapareció de Yucatán. En realidad, Mario Villanueva entraba y salía del país por la frontera sur. Sobre su detención circularon dos versiones. Una, que él decidió entregarse a la justicia y, dos, que lo detuvo la DEA, luego de varios meses de seguimiento, y que fueron los elementos de la agencia antidrogas norteamericana quienes lo pusieron a disposición de la PGR. Lo cierto es que el día de su detención o entrega, Villanueva Madrid se dejó ver en las calles, como si no fuera un hombre perseguido. El 24 de mayo de 2001, el ex gobernador de Quintana Roo se dispuso a dar una vuelta por algunas avenidas de Cancún. Iba a bordo de un vehículo Nissan acompañado de su chofer, Manuel Chan Rejón, y de Ramiro de la Rosa Bejarano (un tercer pasajero, Irvin Trigo, ex colaborador de Villanueva y del que no se supo más, los habría entregado a la DEA), famoso líder juvenil de Democracia 2000 y protagonista de algunos escándalos por presunto tráfico de ilegales. Durante ese recorrido fue aprehendido.

Tras ser capturado, Villanueva Madrid mostraba los signos del abandono personal: la cabellera larga y la barba crecida. Su único patrimonio, quizá el poco dinero que disponía en ese momento, eran 143 mil pesos en efectivo, una bicoca para un hombre acostumbrado a gastar millones de pesos.

El 25 de mayo de 2001, luego de ser interrogado por la PGR, Villanueva Madrid fue internado en el penal de La Palma. Ahí fue humillado, quizá como él lo hizo en sus años de esplendor con sus colaboradores y otros incondicionales. Proclive al trato duro y a veces soez, Villanueva tuvo que enfrentar la dureza de la prisión. La deferencia con la que era tratado como amo y señor de Quintana Roo de pronto cambió por los gritos y las mentadas de madre. La reclusión dobló su prepotencia. Quebró la soberbia, su demonio.

—¿Cómo te llamas? —le gritaban.

—Mario —respondía con voz baja y el orgullo pisoteado.

Y el verdugo insistía a gritos:

—Tu nombre completo.

—Mario Ernesto Villanueva Madrid, señor.

Lo raparon. Se puso el uniforme a rayas y por muchos meses Mario Villanueva, acostumbrado al sol radiante del Caribe, dejó de ver la luz del día. La penumbra de su celda y la humedad de las paredes de Almoloya de Juárez —hoy penal de La Palma— fueron sus acompañantes de día y de noche.

Un alud de cargos sepultó la posibilidad de que alcanzara su libertad. Decenas de testigos protegidos —con versiones ciertas y falsas, según sus conveniencias— robustecieron las acusaciones criminales contra el ex gobernador. En Estados Unidos su imagen de narco atrajo a los altos mandos de la DEA. *El Chueco* es visto como un personaje clave para conocer el oscuro mundo de la *narcopolítica* mexicana. No se equivocan. Su pleito con Ernesto Zedillo y con Roberto Hernández, el voraz banquero, huele a narcotráfico. Por eso Villanueva Madrid es uno de los personajes más codiciados por la justicia norteamericana. No hay otra razón por la que pretenden llevárselo extraditado. Y es que no hay duda: Mario Villanueva es el hombre que más sabe sobre el cártel de Juárez y su red de relaciones políticas.

Después de varios meses de juicio, sin ver la posibilidad de aclarar su caso, un día Mario Villanueva se decidió a escribir sobre el origen de su desgracia. Lo hizo en la intimidad de su celda, donde sólo una libreta, una pluma y sus recuerdos lo acompañaban. En hojas sueltas comenzó su relato —una suerte de diario personal— y escribió cómo lo traicionó el presidente Ernesto Zedillo, a quien culpa de su encarcelamiento. La razón: que siendo gobernador se negó a otorgarle obras millonarias a Rodolfo Zedillo. Querían apoderarse de Quintana Roo y endeudar el estado, según Villanueva.

Cierto o falso —aún falta la sentencia judicial—, a Mario Villanueva se le acusó de estar relacionado con el cártel de Juárez. Según datos históricos, esa organización criminal alcanzó, como ya se dijo, su etapa de poderío precisamente en el gobierno de Ernesto Zedillo, cuyo secretario particular, Liébano Sáenz, fue incluso acusado de recibir dinero del narcotráfico, por el testigo protegido Jaime Olvera Olvera. Nadie sabe, hasta ahora, si las sumas multimillonarias que presuntamente recibió Sáenz serían parte de aquel pacto que pretendió sellar el cártel de Juárez con las altas esferas políticas y militares. Lo extraño de todo es que Liébano Sáenz no fue procesado. La PGR, entonces a cargo de Jorge Madrazo, decretó el no ejercicio de la acción penal por falta de pruebas, pues al testigo de cargo lo declararon no digno de fe. El hecho es que Liébano Sáenz libró aquella investigación, aunque hasta la fecha prevalecen muchas dudas al respecto; mismas que se incrementaron, todavía con mayor fuerza, tras la extraña muerte de Amado Carrillo Fuentes.

No todos corrieron la misma suerte que el ex secretario particular de Luis Donaldo Colosio. En la plenitud del poder, atrapado por los grilletes de la soberbia y la arrogancia, Mario Villanueva gobernaba como amo y señor de Quintana Roo. La fortuna le sonreía. Había llegado a la cúspide. El dinero y las mujeres le sobraban. No había nada que el gobernador deseara que no tuviera a su alcance o no pudiera conseguir con una orden. Tanto la DEA como la PGR, sin embargo, le pusieron los reflectores al *Caballo*. Hacia el segundo semestre de 1997, comenzaron a surgir fuertes versiones sobre la presunta relación de Villanueva con el narcotráfico. Al gobernante quintanarroense le esperaba lo peor. Aunque estaba protegido por la armadura del fuero, empezó a sentir preocupación. Y entonces comenzó a vivir momentos de tensión. La calma desapareció de su interior. Desde ese instante todo fue caos en su vida.

Villanueva en la intimidad de su celda

Fechado el 22 de julio de 2002, Mario Villanueva escribió con su puño y letra el origen de su desgracia política. El escrito, dirigido a su entonces defensor Carlos Bojórquez, tiene el tono de una confesión y su redacción la meticulosidad que sólo permite el encierro. Son 42 cuartillas escritas con tinta negra, a renglón seguido y sin accidentes en sus líneas. En once cortos capítulos, Villanueva cuenta cómo se fraguó, desde la Presidencia de la República, su caída y su encarcelamiento. En uno de los apartados del escrito, Villanueva dice cuál es el objeto de su relato:

Se proporciona aquí una relación de hechos en forma narrativa, surgidos de mi memoria. El sustento en cuanto a fechas, nombres y hechos que faltan se encuentran en un diario personal, en algunos documentos privados y oficiales, en algunos testigos y también en mi memoria, en la que guardo mucha más información.

El *vía crucis* de Mario Villanueva comenzó el segundo semestre de 1997, según narra en su confesión escrita, cuando *un amigo que trabajaba en la Dirección de Comunicación Social de la Presidencia de la República, me dio unas copias de un supuesto parte policiaco de la Policía Judicial Federal en (el) que se expresaba que estaba yo involucrado en actividades ilícitas. (El) parte se distribuyó de manera confidencial a unos cuantos periodistas de confianza por el titular de la mencionada dirección, para ser publicado sin indicar su procedencia.*

Sobre esa filtración, primer golpe orquestado desde la Presidencia, Villanueva expone lo que supo: *Se me informó que la intención era darme*

181

un susto. Y entre paréntesis el ex gobernador apunta: *Lo que en* (la) *política mexicana se conoce vulgarmente como dar un calambre.*

Escrito en la intimidad de su fría celda del penal de la Palma, donde lleva encerrado seis años, Villanueva Madrid acepta que, aunque sabía que el informe era falso, *me preocupó su contenido.* Y de inmediato acudió a ver al entonces comandante de la Zona Militar de Chetumal, Quintana Roo (coronel de Infantería Agustín Valladares Castillo) para consultarle sobre el citado informe.

Narra Villanueva: *...Además de tener muy buena relación con él, una de sus funciones más importantes era la vigilancia y control del narcotráfico, de lo que estaba yo enterado por él mismo. Le entregué copia del parte y le solicité que se hiciera una investigación tanto del contenido del documento como de mi persona, poniéndome a su disposición.*

Con el documento celosamente guardado en una carpeta, en noviembre de 1997 Mario Villanueva comenzó a tocar las puertas de otras dependencias en busca de certeza. En realidad quería saber si ya existía algún expediente que lo ligaba con el narcotráfico. Con ese fin solicitó una cita con el procurador general de la República, Jorge Madrazo Cuéllar. En la charla, Villanueva le mostró al procurador el documento incriminatorio. Luego de revisarlo y de consultar a sus colaboradores, Madrazo respondió, según Villanueva, que el informe carecía de valor legal y *que no había ningún antecedente o mención a mí en cuanto a actividades ilícitas.*

Pero lo dicho por Madrazo no le bastó a Villanueva e insistió en ponerse a disposición de la PGR para ser investigado. Le dijo al procurador:

—Quiero que se me investigue y estoy dispuesto a ponerme formalmente a disposición de la PGR.

Madrazo lo miró con sorpresa. Le expresó convencido:

—No es necesario, señor gobernador. No hay razón para ello.

—Yo quiero dejar limpio mi nombre —insistió Villanueva.

—No es necesario, le repito.

—Me preocupa todo esto.

—Despreocúpese.

—¿Cómo?

—Despreocúpese.

Villanueva insistió en ser investigado. Madrazo Cuéllar meditó un instante. Luego tomó el teléfono de la red interna y llamó a Mariano Herrán Salvatti, entonces titular de la Fiscalía Especializada para la Atención de Delitos contra la Salud (FEADS).

Cuenta Villanueva:

Al señor Herrán le entregué un oficio firmado por mí en el que le pedía que se me investigara y se me informara de cualquier posible mención de mi persona en algún expediente. Me reiteró que no existía nada en absoluto y que si hacían oficial mi solicitud era por mi insistencia. Debo añadir que la relación con el procurador Madrazo era cordial y buena.

El recorrido de Mario Villanueva no paró ahí. Luego fue a visitar al secretario de la Defensa Nacional, general Enrique Cervantes Aguirre. Ante el militar, sacó otra copia del informe criminal y se la entregó.

—Ya enteré del caso al comandante de la zona militar de Quintana Roo y al procurador —le dijo—. Vine a verlo porque quiero que esté enterado de mi situación. Además, he decidido ponerme a su disposición para aclarar cualquier duda sobre mi persona. Quiero que se me investigue.

Cervantes Aguirre escuchó atento a Villanueva. Luego comentó con voz segura:

—Aquí en la secretaría no tenemos ninguna información sobre usted. No debe preocuparse.

De acuerdo con Villanueva, la secretaría de la Defensa Nacional llevó a cabo una investigación sobre el informe policiaco que lo implicaba en el narcotráfico. Según le dijeron, el documento era falso.

En su relato, Villanueva Madrid narra que tenía una buena relación con Cervantes Aguirre, el poderoso secretario de la Defensa de Ernesto Zedillo.

La amistad entre Villanueva y Cervantes era tan estrecha que, según confesó Villanueva, el militar le otorgó una licencia especial como coleccionista de armas. Con base en ese respaldo oficial, el ex gobernador dice que tenía más de 50 armas de uso exclusivo del Ejército, las cuales decidió donar tiempo después.

Luego de su encuentro con el procurador Jorge Madrazo, el nombre de Mario Villanueva comenzó a ser mencionado en informes de inteligencia e Interpol por presuntos vínculos con el cártel de Juárez. Las notas periodísticas agitaron aún más su entorno, causando fuerte revuelo. Como impulsado por un resorte, Villanueva tomó el teléfono y le llamó al procurador Madrazo para preguntarle sobre el origen de las informaciones que lo implicaban en el tráfico de drogas. Según Villanueva, Jorge Madrazo le comentó que la nota era falsa, que provenía de un informe hecho con dolo y que Interpol nada tenía que ver. Le dijo, además, que no se preocupara, que se enviarían cartas aclaratorias a los periódicos para desmentir la información. La respuesta tranquilizó momentáneamente al atribulado gobernador de Quintana Roo, quien no parecía tener reposo.

Inquieto porque crecía el escándalo de su relación con el narco, Villanueva estaba atrapado entre los fantasmas de su propia realidad. Como la nota publicada en el periódico *Reforma* le había causado temor debido a que atribuían la información a la «inteligencia mexicana», quiso comprobar si el informe era avalado por la Secretaría de Gobernación. Para ello, le llamó a Emilio Chuayffet, pues según Villanueva, *de él dependía el CISEN.*

Narra Mario Villanueva: *Me aseguró que de sus dependencias no había surgido la información, la cual era de mala fe. El director del Cisen* (Jorge Tello Peón) *me informó que no tenían ninguna información relacionada con la publicación. Pude comprobarlo a través de periodistas que me informaron (sobre) el origen de la nota, que provenía de una dependencia del Gobierno Federal.* Y entre paréntesis Mario Villanueva escribió: *Era otro calambre.*

Sin existir, aparentemente, una investigación en su contra, como se lo informaron tanto el procurador como el secretario de la Defensa Nacional, Mario Villanueva fue blanco de una intensa campaña periodística dentro y fuera de México. El punto toral de las notas y reportajes siempre era el mismo: su complicidad con el cártel de Juárez. Al respecto, Villanueva detalla esos momentos de tensión y las dudas que lo asaltaron durante su crisis política:

A partir del segundo semestre de 1998 se realizó una fuerte campaña periodística en mi contra con notas que me involucraban en el narcotráfico, que se-

ñalaban que yo era adicto a la cocaína, que tuve que internarme en una clínica para curarme y que tenía relación con los principales narcotraficantes del país... Estas noticias surgían de un expediente sobre mí que hizo el Cisen con información falsa y dolosa para ser proporcionada a los medios de comunicación, lo que se hizo a través de un Subsecretario de Gobernación. Parte de esa información se publicó en los Estados Unidos. Me enteré de lo anterior porque un amigo, dueño de unos periódicos nacionales, se reunió conmigo, me entregó una copia del expediente y me informó que procedía directamente del Presidente la orden de darme en la madre... dándome detalles de cómo se había enterado.

Le llamé enseguida al Director del Cisen y me reuní con él en el hotel Four Seasons de la avenida Reforma. Le puse en sus manos la copia del documento y al verlo me dijo: eso es mío, es nuestro. Lo abrió y me confirmó que provenía del Cisen por el formato y la presentación. Le indiqué dos párrafos y al leerlos se turbó, pues no esperaba que fuera el expediente que se había hecho contra mí. Soltó una imprecación en contra de un Subsecretario de Gobernación diciéndome que estaba apenado y cansado de que le pidieran (hacer) documentos y no tuvieran cuidado con su manejo porque lo ponían en evidencia. Me pidió una copia y se retiró con el compromiso de verificarlo. Más tarde me habló por teléfono diciéndome que sí se había elaborado en el Cisen, que había mano negra y que luego me explicaría con mayor amplitud.

Posteriormente me reuní con él y con el Contralmirante Wilfredo Robledo Madrid, director de Servicios Técnicos del Cisen y primo mío, en la oficina de éste. Ahí Jorge Tello Peón, en un gesto de arrepentimiento y solidaridad hacia mí, porque se suponía que éramos amigos, me manifestó que el documento había sido elaborado por personal del Cisen, de la PGR y del Ejército. Asimismo me dijo que él sólo tenía dos jefes, el Secretario de Gobernación y el presidente de la República y que de éste había venido la orden de hacer el expediente.

Según la confesión escrita de Villanueva, el informe incriminatorio del CISEN se elaboró con dos objetivos: *Desprestigiarme ante la Opinión Pública y las autoridades de México y Estados Unidos, creándome una imagen de drogadicto, narcotraficante y protector de estos delincuentes, (y) hacerme culpable previamente, preparando el terreno para enjuiciarme con el expediente judicial que se fabricó de noviembre de 1998 a marzo de 1999 con (el) objeto de enviarme a la cárcel.*

Atribulado y envuelto en un escándalo de dimensiones mayores, Mario Villanueva dice en su relato confidencial que, en medio de los golpes periodísticos, acudió a ver a Francisco Labastida Ochoa, secretario de Gobernación, a quien le reclamó por qué el gobierno le daba este trato. Labastida le dijo que él no había participado en ello y se comprometió a que no se publicaría nada sobre el expediente citado.

Pero las filtraciones de información y de algunos pedazos del expediente siguieron llegando a las redacciones de los periódicos. Cuenta Villanueva: *Días después* (de la entrevista con Labastida) *salió una publicación bastante amplia en un diario nacional. Me reuní con Labastida y me indicó que haría una aclaración por escrito. Esta se hizo y cabe destacar que el comentario del jefe de redacción del periódico fue cómo era posible que se les mandara una información y posteriormente se les enviara una nota diciéndoles que la información era falsa. Por ello no le dieron importancia a la nota aclaratoria.*

La PGR, principal instrumento del presidente, comenzó a integrar una averiguación previa contra Mario Villanueva. El ex gobernador se enteró del asunto porque enviaron a Chetumal a Samuel González Ruiz, entonces titular de la Unidad Especializada contra la Delincuencia Organizada (UEDO) para empezar la investigación que más tarde fue conocida como «Caso Cancún».

Villanueva recuerda algunos pasajes de los primeros pasos de aquella indagatoria criminal que formalmente lo implicó en el narcotráfico:

A partir del segundo semestre de 1998 enviaron a Cancún a Samuel González Ruiz, con el fin de realizar investigaciones en relación al cártel de Juárez… Aproximadamente en el mes de octubre de ese año me enteré que había hecho comparecer a algunas personas de Cancún tratando de obligarlas a que me incriminaran en el narcotráfico. Un ejemplo es el empresario Fernando García Zalvidea, quien fue encarcelado un año y medio y después absuelto por los jueces.

Traté de comunicarme de inmediato con el Procurador Jorge Madrazo, pero no hubo respuesta. De hecho ya no volvió a contestar ninguna de mis insistentes llamadas ni a darme la audiencia que le solicitaba (luego pudo hablar con Jorge Madrazo por intervención de Liébano Sáenz y del secretario de Gobernación, Francisco Labastida, según supo más tarde Villanueva).

Aproximadamente entre los meses de noviembre y diciembre del mismo año, se publicó en periódicos nacionales parte del contenido de las declaraciones de dos testigos protegidos, al parecer narcotraficantes, que mucho después supe se llaman Gilberto Garza García (a) El Güero Gil y Gildardo Muñoz Hernández. La información no era oficial, al parecer era una filtración hecha por personal de la PGR a la prensa, y en ella se decía que yo tenía una relación con narcotraficantes y les daba protección.

Por una nota de un periódico de Estados Unidos, que ahora no recuerdo, me enteré que durante una visita que hizo el Procurador Madrazo a esa ciudad, declaró que habían abierto en la PGR una averiguación previa para indagarme por vínculos con el narcotráfico. Esta fue la prueba para mí de que se estaba creando un expediente en contra mía que me permitió demostrarle tanto al secretario de Gobernación, como al secretario particular del presidente, que se había abierto un expediente judicial en (el) que se me incriminaba, ya que ellos me lo negaban.

Me preocupé por conocer el expediente y aclarar cualquier imputación que se me hiciera. Para ello, continué insistiendo en la oficina del Procurador sin éxito; traté de entrevistarme con el presidente Zedillo y éste ya no quiso recibirme y desde los últimos días de mi administración hasta el término de ella no pude tener contacto con él. Únicamente tuve acceso en ese tiempo al secretario de Gobernación, Francisco Labastida, y al Secretario Particular del Presidente Zedillo, Liébano Sáenz.

Aparte de la información que se publicaba en los medios de comunicación, tenía yo informes confidenciales de funcionarios de alto nivel del Gobierno Federal y opiniones de políticos, periodistas y abogados de prestigio, quienes coincidían en lo siguiente: tu problema es político, te quieren meter a la cárcel y no lo vas a resolver en este gobierno del presidente Zedillo, porque es el principal interesado en encarcelarte.

Coincidieron también en sugerirme que huyera de inmediato del país, ya que tal vez podía llegarse a otras acciones contra mí y que regresara cuando se instalara el nuevo gobierno federal. Con toda la información y opiniones recabadas, la situación era muy clara: se estaba preparando el expediente judicial contra mí y esto se haría el último día de mi mandato para obtener la orden de aprehensión y detenerme el 5 de abril de 1999, en la entrega del gobierno. De esto tenía la seguridad por la total negativa del parte del procurador a atenderme y a que se me proporcionara la información sobre el expediente.

Mis propios abogados (uno de ellos miembro del Estado Mayor Presidencial) me indicaron que mi única opción era huir a la mayor brevedad, salir del país para regresar posteriormente a resolverlo. Incluso hicieron gestiones con amigos en gobiernos extranjeros para que me dieran protección y asilo y se obtuvieron respuestas positivas en varios de ellos.

Me negué a huir como vulgar delincuente y decidí hacer todo lo posible por resolver mi situación. Las únicas puertas que me quedaban abiertas eran las de Francisco Labastida y la de Liébano Sáenz, por lo que acudí a ellos haciéndoles el siguiente planteamiento: estaba yo consciente que mis actitudes políticas habían incomodado al Presidente y que en especial mi actuación respecto al PRI estaba obstruyendo los planes del Presidente y de Labastida, que se perfilaba como el seguro candidato del PRI a la presidencia. El expediente del Cisen y todas las publicaciones en mi contra lo demostraban, pues estaba claro que provenían del Gobierno Federal. Era inaceptable continuar una situación así, me habían hecho ya mucho daño y además estaba claro que pretendían llevarme a la cárcel a través de un expediente con declaraciones y acusaciones falsas. Por su conducto le proponía al presidente Zedillo una solución de carácter jurídico y político. Jurídico porque al haberse abierto la averiguación previa mi propuesta era que se resolviera de acuerdo a la ley, con mi comparecencia ante el Ministerio Público Federal para conocer en detalle las acusaciones y aclararlas, haciendo la observación de que si no pudiera aclarar alguna de ellas, aceptaría la cárcel, pues además estaría yo a su disposición.

Sobre esto último, debo dejar claro que aunque lo solicitaba como una concesión, tenía como acusado todo el derecho a ello, pero me lo estaban negando y nunca me lo permitieron. La Constitución Mexicana establece que todo acusado tiene derecho a conocer de qué se le acusa y presentar las pruebas en su favor durante el periodo de averiguación previa que realiza el Ministerio Público. A mí no se me dio esta oportunidad y, sin embargo, a otros políticos que tenían y aún tienen acusaciones sí se les permitió. Uno de ellos es precisamente Liébano Sáenz. Político, porque significaba yo un estorbo para el presidente...

En uno de sus encuentros con Liébano Sáenz, Villanueva presentó una propuesta con la que, según él, se podía arreglar su conflicto con el presidente, ante quien se consideraba *un estorbo*, según él mismo escribe en su relato.

De entrada propuso renunciar al cargo de gobernador para ponerse a disposición de la PGR. En su escrito, Villanueva anotó entre paréntesis: *Aclaro que el procurador Madrazo mencionó públicamente y en privado que mi juicio no era posible porque yo me amparaba en mi fuero. Esto no era cierto.*

La propuesta incluía otros puntos: *Si mi presencia era molesta e inconveniente para el presidente, me iba de inmediato del país para regresar cuando terminara su gestión; entregarles la relación total de mis bienes y si algo no podía justificar aceptaría las consecuencias legales, como el decomiso y el enjuiciamiento; someterme al juicio político ante la Cámara de Diputados Federal para que mi juicio fuera público y, por último, apoyar con actividades políticas y recursos la campaña del candidato a gobernador en Quintana Roo para asegurar su triunfo.* Villanueva abre otro paréntesis y escribe en relación a Joaquín Hendricks: *Tenían temor que perdiera por ser un candidato débil ante una oposición fuerte. Esta era una solicitud de ellos.*

Según escribió Villanueva, Liébano Sáenz le dijo que la propuesta le parecía exagerada, que él estaba seguro *que se me permitiría aclarar cualquier acusación que tuviera y me comentó de las acusaciones que se le hicieron y la forma en que tuvo que aclararlas. Además, se comprometió a entregar mi mensaje al presidente, pero nunca hubo respuesta y a partir de esto evitó contestar mis llamadas telefónicas.*

El licenciado Francisco Labastida me indicó que no era necesario llegar a tanto, comentó que sí había yo actuado con indisciplina política, pero que esto podía resolverse ante el Presidente y se comprometió a entregarle mi mensaje, además de una carta personal que le hice. Labastida se comprometió además de manera personal a que encontraría una solución para que pudiera yo obtener la información compareciendo ante la PGR y presentando mis pruebas de descargo. Me dijo que no era necesario que renunciara al cargo, pues era una solución muy drástica de mi parte y me solicitó expresamente que continuara como Gobernador y que me hiciera cargo directamente de la campaña política del PRI en Quintana Roo, tanto del candidato a Gobernador como de los candidatos a presidentes municipales y diputados locales y que consiguiera los recursos para financiarla, pues no tenían el dinero para ello. Cumplí cabalmente con todo. El PRI triunfó y no le faltaron recursos. Del presidente nunca hubo respuesta.

Después de varias semanas de insistencia, por fin el procurador Jorge Madrazo recibió en su despacho a Mario Villanueva. La cita fue el 23 de diciembre de 1998. Estaba acompañado del titular de la FEADS, pero según el ex gobernador, su trato fue distinto:

«*Fue áspero en su trato, me dijo que sólo recibía órdenes del presidente, que sólo con él trataba directamente y que ni el mismo presidente se metía en su trabajo. Me entregó un oficio en (el) que se me citaba a comparecer el 26 de diciembre de 1998 en la FEADS. Uno de los comentarios que hizo el procurador Madrazo, que me llamó la atención por estar fuera de lugar, fue que preguntó y demostró mucho interés por el desarrollo de la demanda por difamación que el director de Banamex, Roberto Hernández, presentó contra el director del diario «Por Esto» de Yucatán y Quintana Roo...*

Villanueva explica en su relato íntimo que en esa charla le dijo a Madrazo Cuéllar que desde hacía un año había entregado a la FEADS un oficio en que planteaba su decisión de ponerse a las órdenes del Ministerio Público Federal; que había solicitado información sobre su proceso y le reclamó al titular de la PGR que le había hecho muchas llamadas y peticiones de audiencia sin obtener respuesta, a lo que el procurador le respondió, según Mario Villanueva, *que no estaba enterado.*

Mario Villanueva compareció ante la FEADS el 26 de diciembre de ese año. La cita fue a las 10:00 de la mañana. Estuvo presente José Luis Santiago Vasconcelos, entonces coordinador de investigaciones de esa Fiscalía, así como José Trinidad Larrieta Carrasco, coordinador de la UEDO. Dice Villanueva: *Me dieron a conocer de manera general una relación de imputaciones, como que era fama pública (mi) relación con el narcotráfico, información derivada de publicaciones periodísticas; que se encuentra relacionado con la organización criminal de narcotráfico que opera en el sureste del país al mando de Alcides Ramón Magaña, El Metro; que se encuentra (vinculado) al narcotraficante Albino Quintero Meraz; que facilitó la introducción ilegal al país de cocaína y el transporte de la misma al norte del país, para ser introducida a Estados Unidos; que para la descarga de la cocaína utilizó el hangar del gobierno del estado en Chetumal, Quintana Roo; que brinda protección a Albino Quintero Meraz y que por dicha protección recibió obsequios como un vehículo automotor y dos motos acuáticas Jek Ski; que se reunió en diversas ocasiones con narcotraficantes en un restaurante frente a la presidencia municipal de*

Cancún; que poseyó aproximadamente un kilogramo de cocaína para su consumo en un hotel de la ciudad de Cancún.

En su libreta de apuntes Villanueva anotó que estaba imposibilitado para responder a las acusaciones, pues los responsables de la FEADS y de la UEDO le comentaron que, de acuerdo al artículo 14 de la Ley Federal contra la Delincuencia Organizada, no se podían conocer los nombres de las personas que hacían las imputaciones en su contra.

Villanueva relata que insistió ante la PGR para obtener la información de su caso, pero se la negaron. Luego interpuso un amparo. El juez le dio la razón, pero la PGR recurrió a la revisión, según el ex gobernador, *para ganar tiempo en tanto terminaba mi gestión.* La resolución quedó pendiente.

El suplicio de Villanueva continuó. De nueva cuenta habló con Francisco Labastida y con Liébano Sáenz, al tiempo que continuaba con sus compromisos de trabajo como gobernador y con los que adquirió con Labastida de procurar, a toda costa, el triunfo del PRI en Quintana Roo. También buscó la respuesta a su demanda con el procurador Madrazo, pero el cambio de actitud del procurador fue aún más radical: *Me cerró la puerta de nuevo y ya no volvió a atenderme,* narra el presidiario de La Palma.

Faltaban pocos días para que Villanueva concluyera su administración. Altos funcionarios de la PGR le mandaron decir que le darían la información solicitada —los datos duros de su expediente— pero tenía que comparecer, de nueva cuenta, ante la FEADS y la UEDO, respectivamente. Y así fue. El Ministerio Público Federal se instaló en su despacho de Palacio de Gobierno el 24 de marzo de 1999. Ahí se enteró que la acusación en su contra contenía 29 imputaciones, pero la lectura de los pormenores no convencieron al debilitado gobernador.

Al igual que la comparecencia anterior, la información sobre todas las acusaciones era muy general e incompleta y no permitía ninguna posibilidad de aclaración, dejándome en estado de indefensión. Por esto les hice hincapié en que deberían ponerme a la vista las hojas del expediente donde aparecía textualmente cada imputación tal como la ley lo establece, pero se negaron a ello. Con esto me quedó claro lo siguiente: No había ningún interés en que aclarara las imputaciones ni que me defendiera. La comparecencia fue para cumplir un

requisito legal previo a la consignación que se haría once días más tarde (pero)
no para darme la información necesaria para defenderme... No me quedaba otro
recurso que seguir insistiendo ante Gobernación y la Presidencia de la Repúbli-
ca que se ajustaran a la ley y me dejaran defenderme en el proceso de averi-
guación previa. Con esta esperanza rechacé un plan de fuga que me indicaron
mis abogados para salir del país al otro día de mi comparecencia. Y un día an-
tes también, pues me sugirieron que no asistiera a la comparecencia del día 24
y huyera la noche del 23 de marzo. Me dediqué a terminar mi texto y último
informe de gobierno, el cual presenté ante el Congreso del Estado la noche del
siguiente 26 de marzo.

Los espacios se le iban cerrando a Villanueva. Sus márgenes de maniobra, conforme avanzaba el tiempo y se acercaba el final de su mandato, eran cada vez más estrechos. Poco antes de terminar su último
informe de gobierno, se entrevistó con Diódoro Carrasco, último secretario de Gobernación del gobierno zedillista. El ex gobernador de
Oaxaca le habló de las instrucciones del secretario Labastida para ges-
tionar ante la PGR la entrega de la información contenida en el expediente acusatorio.

—Regrese a Quintana Roo, todo saldrá bien —le dijo Carrasco.
Villanueva viajó a Mérida, Yucatán, y le pidió a su abogado que per-
maneciera en la ciudad de México para esperar las indicaciones de la
Secretaría de Gobernación.

Casi al borde de la desesperación y temeroso, Mario Villanueva se
entrevistó con su mentor, Víctor Cervera Pacheco, poderoso cacique
de Yucatán. El encuentro con el viejo político priista, quien tiempo
después fallecería, le subió los ánimos al derrotado Villanueva Madrid:

Tuve una reunión con Víctor Cervera Pacheco. Es mi amigo y le comenté
mis últimas actividades. Preocupado por mí me dijo que vería personalmente al
Presidente Zedillo, pues pensaba que podía estar siendo engañado. Le agrade-
cí su buena voluntad y me retiré de su oficina, quedando de estar pendiente de
su llamada después de su entrevista en Los Pinos.

Inquieto por saber lo que Cervera había hablado con el presidente —no tuvo tiempo de conocer si Cervera habló o no con Zedillo—,
Villanueva se trasladó a la ciudad de México en un avión privado que
aterrizó en el aeropuerto de Toluca. La vigilancia policiaca lo pertur-

bó a su llegada a la terminal aérea. Cuenta: *...Desde que llegué al aeropuerto para ir a mi cita con Diódoro Carrasco, personal armado de la FEADS me recibió, revisó el avión y me tendió un cerco con varios vehículos que me acompañaron, teniéndome permanentemente vigilado hasta que regresé a Toluca y abordé el avión con rumbo a Mérida...*

En la ciudad de Mérida ocurrió lo mismo y estuvieron fuera de la oficina del gobernador Cervera esperando que yo saliera. Esto me extrañó mucho y decidí engañarlos y perderme de su vigilancia. Mandé al chofer con el vehículo y un abogado que fue a verme a Mérida, simulando que yo iba en el vehículo, con rumbo al aeropuerto. Dio resultado y pude salir solo y sin mayor problema. Me dirigí a casa de un amigo y desde ahí establecí contacto para conocer la situación en Chetumal. El reporte que se me dio era alarmante. Se había establecido un fuerte operativo por parte de la PGR y del Ejército, que a pesar de pretender ser discreto era muy obvio. Había un cerco sobre todos los lugares donde pudiera yo presentarme. El rumor era que sería detenido o secuestrado. Pensé que esto tal vez no sería posible pues aún era gobernador y no había ninguna orden de detención en mi contra, pues mi situación política lo impedía. También pensé que la intención era tenerme bien vigilado (preso en mi casa y lugar) para evitar mi fuga. Sin embargo, decidí cancelar mi salida a Chetumal y quedarme observando desde la casa de mi amigo. Al otro día, al no aparecer yo, mi asistente decidió viajar por la mañana a Chetumal y retornar el avión a Mérida (el avión era rentado).

Mario Villanueva escribió en su libreta de apuntes que cuando los agentes de la PGR se percataron de su ausencia en Chetumal, *me dieron por prófugo.* Y empezó su búsqueda *para tratar de encontrarme. Yo no tenía un plan de fuga, pero la actitud de la PGR y del Ejército me obligó a pensar que lo más conveniente era buscar un refugio lo más seguro posible y esperar observando cómo se desarrollaban los acontecimientos.* Aunque Cervera Pacheco fue cuestionado por brindar protección a Villanueva, éste aclara en su escrito que el ex secretario de la Reforma Agraria no tuvo nada que ver en su asunto. Seguramente no quiso implicarlo porque a los dos los unía no sólo la amistad. También eran cómplices y ambos se debían muchos favores.

Mario Villanueva estaba en el ojo del huracán. Zedillo desoyó toda petición de ayuda para el gobernante caído en desgracia. Y tal como lo suponía Villanueva, el día de la toma de posesión de Joaquín Hendricks, 5 de abril de 1999, un juez federal obsequió a la PGR la orden de aprehensión. Sin ningún respaldo político, acosado por la prensa, que lo llamaba *narcogobernador*, Villanueva tuvo que huir como un delincuente. Los días más crudos apenas empezaban. Las circunstancias le negaron las salidas y fue alcanzado por los errores que él mismo tejió desde el poder. Una negra sombra opacó sus días de gloria.

Después de analizar, en frío, su entorno político y personal, Mario Villanueva consideró que su caso era político, como le habían dicho sus amigos y defensores, y que la persecución obedecía a su pleito personal con el presidente Ernesto Zedillo. En una entrevista que, desde la clandestinidad, le concedió en junio de 1999 —con apenas tres meses de desaparición— al reportero Martín Morita, entonces corresponsal del semanario *Proceso* en la Península de Yucatán, Villanueva respondió a varias preguntas sobre el origen de las diferencias con el presidente.

—¿Cuándo o en qué momento se dio la ruptura entre usted y el presidente Zedillo? —preguntó Morita.

La voz de Villanueva:

—Como mencioné antes, hubo varios factores, pero a ciencia cierta no sabría decir cuál fue la razón por la que dejó de hablarme, aunque en una ocasión —no recuerdo exactamente cuándo, pero fue en el 98— yo le dije en Los Pinos que había cosas en el partido que no estaban bien, que el partido necesitaba democratizarse, porque así como iban las cosas lo más seguro sería que en las elecciones del 2000 íbamos a perder. Le planteé lo de la consulta a la base y otras cosas que consideré podrían servir para salir adelante. El presidente me preguntó cuál era mi opinión sobre Bartlet y Roberto Madrazo. Le respondí que, además de que son mis amigos, los consideraba como dos de los mejores prospectos para la candidatura, y hasta le dije que en una consulta a las bases cualesquiera de ellos dos podría ganar limpiamente. El presidente me dijo: «Estás del lado de los duros, ¿verdad?, a lo que yo le respondí que no los consideraba así, que más bien eran políticos muy completos. Luego, el presidente me volvió a decir: Y todos los demás, incluso yo, ¿No te parecemos completos? Le dije que él y su gabinete tenían muchas cualidades, y le pedí que no malinterpretara mis opiniones, que yo estaba hablando con respecto a la sucesión presidencial. Noté que en sus palabras había un cierto tono de molestia e ironía, porque casi al final de la plática me dijo: ¿Sabes qué? Me caes bien por francote. Hasta pareces norteño, sólo que te falta un poco más de altura...

Casi tres años después, en su relato personal, Mario Villanueva pareció disipar los nubarrones y sus dudas. Así relata las razones de su verdadero pleito con Ernesto Zedillo:

«La relación era buena desde que fue secretario de Educación y candidato a la presidencia de la República. Se empañó y se fue haciendo áspera nuestra relación por una serie de circunstancias...

»Un hijo mío de nombre Carlos Mario, que era estudiante de leyes en la ciudad de México, fue a verme para solicitarme una reunión con familiares del presidente. Se trataba del hermano, Rodolfo Zedillo, el padre y un hermano de nombre Fernando Zedillo. Me enteró mi hijo que trabajaba en una empresa denominada Compañía Impulsora de Servicios (CIS), cuyo director era Rodolfo, que lo habían nombrado director de Proyectos para la zona Sur del país, para realizar una serie de proyectos en Quintana Roo.

»No estaba enterado de ello ni conocía a los familiares del Presidente. Mi hijo era un joven inexperto, sin la capacidad para el cargo que le asignaron, por lo que me quedó claro que lo estaban utilizando como gancho para enlazarse conmigo e interesarme en su propuesta. Me pareció indebido su proceder, pero accedí a reunirme con ellos para conocer sus planteamientos, los cuales eran los siguientes:

»El padre y el hermano del presidente actuarían como gestores directos para promover proyectos en Quintana Roo, obtendrían el financiamiento y las obras se harían por empresas de su propiedad o de otros parientes y amigos de ellos. Las ganancias se obtendrían por la ejecución de las obras y por comisiones tanto en la asignación de contratos a otras empresas, como en la obtención de los financiamientos. De las ganancias se me proporcionaría una parte.

»El gobierno del estado debería participar asignándoles obras de su propio presupuesto, aceptando y avalando los proyectos que ellos propusieron, y adquiriendo créditos de la Línea del Rey (financiamiento español), del Banco de Obras y Servicios (Banobras) y de bancos privados.

»Los proyectos a realizar de inmediato serían: Un hospital en Cancún, plantas de tratamiento de aguas residuales en Cancún y Chetumal, modernización de la carretera Cancún-Tulum, asignación a ellos del Centro de Convenciones de Cancún y la torre inconclusa anexa al Centro de Convenciones de Cancún.

»Traerían un financiamiento autorizado de la Línea del Rey por aproximadamente doce millones de dólares para iniciar de inmediato la construcción del hospital, el cual debería estar por completo a cargo del arquitecto Luis Zedillo, tío del presidente, y el gobierno debería adquirir el crédito con cargo a la deuda pública.

»No pretendo justificarme calificándome como vulgarmente se dice (como) blanca paloma, pero la actitud de los familiares del presidente me pareció irresponsable y peligrosa para el mismo presidente Zedillo. Además, aún estaban frescos los conflictos que le causó al presidente Salinas una actitud similar por parte de su cuñado Luis Yáñez. Por ello, ordené a mi hijo que se retirara de esa relación, cancelé mi relación con ellos y le mandé el recado al presidente con su concuño, de que la actitud de sus familiares le haría mucho daño y por lo mismo me había negado a apoyarles.»

Un personaje que salió a relucir en este pleito —en cuya trama presuntamente no fue ajeno el narcotráfico, quizá el fantasma oculto en este enfrentamiento político— fue el empresario veracruzano Roberto Hernández, el banquero más próspero durante los sexenios de Carlos Salinas y Ernesto Zedillo.

Sobre sus confrontaciones con el financiero de Tuxpan, Veracruz, Mario Villanueva sostiene, en su relato, que todo comenzó por una campaña de golpes periodísticos desatada por Mario Renato Menéndez, director y dueño de la cadena de periódicos *Por Esto* de Mérida y Cancún (a menudo relacionado, en su momento, con Villanueva), quien lo acusó de narcotraficante y de que en su propiedad descargan en lanchas la cocaína que proviene de Colombia. La propiedad es al parecer de más de once kilómetros de costa en la Reserva de la Biosfera de Siaa´n Káan en el centro del estado de Quintana Roo y sólo puede llegarse a ella por lancha, helicóptero o avioneta.

«El secretario de Gobernación, Emilio Chuayffet me llamó en una ocasión para decirme que Roberto Hernández le había dicho al presidente que yo era el responsable de la campaña contra él y que la orden del presidente era que yo lo resolviera de inmediato. Le manifesté mi desacuerdo a Chuayffet pues yo no tenía nada que ver en ello, pero me dijo que el presidente está sumamente enojado conmigo y que no había más que acatar sus órdenes.

»Al otro día había una reunión sobre el Mundo Maya en Mérida, donde asistirían el presidente y Roberto Hernández. En el camino hice unas tarjetas breves para cada uno de ellos exponiéndoles que no podía aceptar semejante acusación y dándole mis razones por las que yo no tenía ninguna participación en las acusaciones, como me estaban señalando. Roberto Hernández leyó las tarjetas y acordó conmigo que nos reuniríamos posteriormente, pero jamás tuve la oportunidad, pues nunca quiso aceptar mis llamadas telefónicas. También me acusó de alentar la invasión de una pequeña parte de su propiedad por una cooperativa de pescadores que estaban en el terreno muchos años antes de que yo fuera gobernador y que reclamaban su derecho a esa tierra señalando que la adquirieron antes que Roberto H.

»Respecto a las tarjetas para el presidente, se las entregué en privado, antes de retirarse de una reunión conmigo y el gobernador de Yucatán. También le entregué una copia de las que le había dado a Roberto Hernández. Su actitud fue de enojo, pero insistí en que no tenía nada que ver y se retiró molesto sin despedirse.

»Al otro día me volvió a llamar el licenciado Chuayffet para hacerme un reclamo mucho más serio: el Presidente estaba sumamente molesto conmigo porque me atreví a darle unas tarjetas a Roberto Hernández y a él. La orden era resolverlo de inmediato. No podía resolver lo que no me correspondía aunque lo intenté con Mario Renato Menéndez. Tal vez hubiera podido ser mediador, pero Chuayffet me dijo que una de las instrucciones era que yo no hiciera contacto con Roberto Hernández. De todos modos quise verlo, pero siempre se negó.

»Este asunto tiene muchos más detalles que hicieron más difícil la relación con el presidente y solamente destacaré tres hechos más al respecto: Roberto (Hernández) interpuso una demanda por difamación en la FEADS contra Mario Renato Menéndez. Esto no procedía, pues es un delito del fuero común y debería seguir otro conducto. Después de un tiempo, la demanda se radicó en un juzgado de Quintana Roo, el cual libró una orden de aprehensión contra el director del periódico, conforme a la ley. Sin embargo, me solicitó la Secretaría de Gobernación que no se le aprehendiera y que se archivara la orden de aprehensión.

»La única ocasión que pude ver al Procurador Madrazo, en el periodo en el que me estaban elaborando el expediente por narcotráfico, éste se refirió al problema del *Por Esto* con Roberto Hernández, cuestionándome sobre el mismo sin que hubiera razón para ello, ya que es un asunto totalmente ajeno a lo que fui a tratar con él…

»En mi primera comparecencia, el 26 de diciembre de 1998, se me preguntó cuál era mi relación con Mario Renato Menéndez, sin que esto tuviera ninguna relación con los asuntos por los que comparecía. Fue muy extraño este interés.

»En los últimos meses de mi gestión le pregunté al Secretario Labastida su opinión sobre las acusaciones de Roberto Hernández contra mí y me expresó que Roberto Hernández seguía teniendo la certeza de que yo era el responsable de la campaña periodística contra él. Ésta era una de las razones de que el presidente siguiera molesto conmigo.»

En julio del 2000, el PRI fue derrotado en las elecciones presidenciales. Vicente Fox —quien seis años después fue calificado de traidor de México— vencía al partido hegemónico que había gobernado con los excesos de una dictadura durante 70 años.

En su etapa de tránsfuga, Mario Villanueva abrigó la esperanza de que el gobierno del cambio le garantizara un juicio justo y apegado a la ley. Pero Vicente Fox estaba empeñado en sepultar a ese partido. Y Mario Villanueva, con todo su negro historial, era un buen instrumento para hundir aún más en el desprestigio al PRI y a los priistas.

En su escrito personal, Villanueva evade contar los detalles de lo que hizo como prófugo de la justicia. El ex gobernador, secundado por

Carlos Bojórquez, por ese tiempo su defensor, robusteció la versión de que nunca salió del país y que permaneció escondido en casas y fincas propiedad de varios amigos suyos. Durante su escape, Miguel de Jesús Peyreffit Cupido, poderoso procurador de Quintana Roo, falleció en circunstancias extrañas en el estado de Morelos.

Lo dicho por Villanueva perdió fuerza y comenzó a resquebrajarse cuando el entonces procurador Rafael Macedo dijo que el ex gobernador entraba y salía del país por la frontera sur. Meses antes, en las postrimerías del sexenio de Ernesto Zedillo, el titular de la PGR, Jorge Madrazo, contrató los servicios de una empresa extranjera con oficinas en México, denominada Decision Strategies Fairfux Internacional LLC (DSFX) para rastrear los pasos de Mario Villanueva. Los informes de entonces indicaban que Villanueva no sólo permaneció en Quintana Roo.

Con base en la información recavada por la multinacional, la PGR pudo saber que Villanueva estuvo, durante varios meses, fuera del territorio nacional: en Belice, Cuba, Panamá, Honduras y Venezuela. En este último país, según datos contenidos en el libro *De Cancún a Almoloya* (Océano 2002), el gobierno mexicano abrió un juicio de extradición, el cual canceló Jorge G. Castañeda, entonces titular de la Secretaría de Relaciones Exteriores, debido a que Mario Villanueva ya estaba preso en La Palma.

Villanueva escribió en su relato que no tenía un plan de fuga para evadir su situación. Ante el fracaso de las negociaciones con el presidente, tuvo que esconderse. Así surgió su plan:

«Al enterarme por la televisión de la orden de aprehensión, decidí que encontraría el refugio más adecuado para una larga permanencia. Lo mejor era esperar a que concluyera la administración del presidente Zedillo. Abrigué la esperanza de que el gobierno federal que le sucediera no tuviera interés político en continuar con el deseo de que se me condenara. Al llegar al poder el presidente (Vicente) Fox, consideré que habría condiciones de imparcialidad para tener un juicio justo y que había llegado el momento de entregarme y enfrentar el juicio desde la cárcel...

»Envié dos cartas al presidente Fox y una al procurador Macedo de la Concha. En ellas les expuse que me entregaría y que deseaba conocieran mi preocupación por todas las anomalías y arbitrariedades de las cuales les hice una relación en las cartas. Les reiteré que confiaba en ellos y que lo único que deseaba era imparcialidad ante los jueces, que la PGR se apegara a la ley y reconociera incluso los atropellos realizados contra mí y otras personas con el fin de incriminarlos. El presidente mandó decir que tuviera confianza, que se haría justicia, que la verdad prevalecería. El procurador manifestó también que habría un juicio justo y que la PGR sería imparcial. Desafortunadamente fue un engaño.»

En febrero de este año, cuando el presidente Felipe Calderón tomó la decisión de extraditar a varios narcotraficantes a Estados Unidos y ocultar por diez años las razones jurídicas en las que se basó su entrega a la justicia norteamericana, el nombre de Mario Villanueva volvió a ser mencionado como uno de los presuntos narcotraficantes más codiciados por el gobierno estadounidense.

Sin embargo, la defensa de Villanueva sostiene que aún no le notifican si hay orden de extraditar al ex gobernador.

Albino Quintero y Osiel Cárdenas: rivales y socios

Albino Quintero es quizá uno de los capos más versátiles en el negocio del narcotráfico. El ahora presidiario del penal de La Palma fue uno de los primeros traficantes de drogas que rompió la regla tradicional de trabajar con un solo cártel y guardar, a prueba de sangre y fuego, lealtades eternas con sus jefes superiores. Entre 1996 y 1997, Quintero Meraz conoció a Amado Carrillo Fuentes. Según cuenta en sus testimonios, se lo presentó Alcides Ramón Magaña en una casa ubicada en Lomas de Chapultepec, en la ciudad de México. Albino saludó al *Señor de los Cielos* y le pidió un favor: que le permitiera operar en Cancún, Quintana Roo.

—No hay problema, ponte de acuerdo con El Metro —le dijo Carrillo Fuentes, quien por aquel tiempo era el jefe de la plaza y el único dueño de todo el espacio aéreo nacional.

Quintero Meraz, quien vivió su etapa más boyante en Veracruz durante los gobiernos de Patricio Chirinos y Miguel Alemán, respectivamente, cuenta cómo conoció a Osiel Cárdenas Guillén, cabeza del cártel del Golfo. Rival del cártel de Juárez, Osiel Cárdenas —y ése es un signo de cómo las organizaciones comenzaron a tejer alianzas en aras de preservar el negocio— trabó amistad con Albino Quintero y más tarde se hicieron socios: ambos se prestaban ayuda cuando iban a recibir algún avión con droga en cualquier punto del Golfo de México.

Sinaloense, heredero como pocos de un conocimiento que proviene de las viejas generaciones de narcotraficantes, Quintero supo limar las diferencias con sus rivales. Con Cárdenas Guillén, líder de una organización opuesta a la suya, concretó varios negocios. Y tan buena relación tuvieron que ninguno de los dos se cobraba el llamado derecho de piso, como es obligatorio en otras regiones del país.

Albino narra sus andanzas con Osiel Cárdenas, el famoso capo del Golfo actualmente preso en Estados Unidos, tras haber sido extraditado:

«A Osiel Cárdenas lo conocí en Matamoros, Tamaulipas. Me lo presentó Carlos de Ávila Cano, Carlitos, hace como dos años. La razón por la que me lo presentó era para que yo pidiera permiso para trabajar, con cocaína, en Reynosa, Matamoros y Río Bravo, Tamaulipas. Con Osiel... me entrevisté en otra ocasión, el ocho o diez de enero de dos mil dos, esto con la finalidad de saludarlo y porque me había mandado llamar para que lo ayudara a cargar combustible a unos aviones de su propiedad que iban a pasar por Tierra Blanca, Veracruz, en un camino de terracería de PEMEX. Lo auxilió Romaldo Espinosa dos o tres veces...También sé que, en Río Bravo, Tamaulipas, un sujeto conocido como El Negro, del que desconozco su nombre, es el encargado de la plaza, en el tráfico de drogas, y depende de Osiel Cárdenas Guillén. En esta plaza de Tamaulipas, quien atiende mis negocios de recepción de cargamentos de cocaína que llegan en avioneta de Comitán, Veracruz, es mi tío, pero le digo primo, Jesús Torres Aragón, en conjunto con El Negro. Torres Aragón, a su vez, es primo de Javier Torres Félix (lugarteniente de Ismael Zambada García, El Mayo, detenido en enero de 2004 en Culiacán, Sinaloa), quien también es primo de mi mamá... Por cuanto hace a Ismael Zambada García, "El Mayo Zambada", lo conocí la ocasión en que me presentaron a Amado Carrillo, pues estaba en la misma casa, lo miré esa vez, otra vez que fue a Cancún de paso y se entrevistó con El Metro en mil novecientos noventa y siete, más o menos».

Hacia el mes de febrero de 2002, *Don Beto* se enteró que el pleito entre los hermanos Arellano Félix e Ismael Zambada estaba en su máxima ebullición. Amigos y socios en otro tiempo, los Arellano le declararon la guerra al *Mayo*, quien pretendió penetrar el estado de Baja California, territorio vedado, para expandir sus negocios. Pero Ramón Arellano, el más sanguinario de la familia, no lo permitió. Por eso Zambada García estaba enojado y, según el testimonio de Albino

202

Quintero, el capo sinaloense hizo planes para asesinar a Miguel Barraza Rodríguez, lugarteniente junto con su hermano Manuel, de los jefes del cártel de Tijuana.

Enterado de este plan criminal, Albino Quintero fue a visitar a Zambada García. Se entrevistó con él, entre el 8 y el 10 de enero de 2002, en su oficina localizada —según Albino— a la entrada de Las Quintas, en Culiacán, Sinaloa. Cuenta Quintero Meraz: «El Mayo me dijo que le urgía ver a Miguel Barraza Rodríguez para aclarar asuntos sobre los Arellano, específicamente si tenía contacto con El Gilillo, El Efra y con los hermanos Arellano Félix. Al día siguiente mandé llamar a Miguel Barraza y, en el mismo lugar, lo presenté con El Mayo Zambada». En aquel encuentro se esperaba lo peor: que Zambada ejecutara a su rival. *El Mayo*, según se supo después, tenía planes de incursionar a Tijuana, una de las plazas más codiciadas, pero al mismo tiempo mejor protegidas por los Arellano. Durante mucho tiempo, los Arellano frenaron los pasos de Zambada García. Paciente, *El Mayo* Zambada supo esperar y su hora, finalmente, llegó.

Habla Albino Quintero: «En esta entrevista, El Mayo Zambada le preguntó por El Gilillo, El Efra y los hermanos Arellano Félix, a lo que Miguel Barraza le contestó que sí conocía a El Gilillo y al Efra, pero no a los hermanos Arellano Félix, preguntándole también que cuál era el negocio que tenía con ellos, por lo que Miguel Barraza le dijo que él no era gatillero ni cruzador de nada, que sólo le corría unos carros al Gilillo y le arreglaba comandantes, como yankies, Federales de Caminos y de la FEADS, para que le dieran protección al Gilillo y al Efra, pero que lo hacía por la fuerza, pues si no lo mataban, eso le dijo Miguel Barraza al Mayo Zambada».

Según Albino Quintero, Zambada García estaba furioso. En ese momento pretendió matar a Miguel Barraza, pero se detuvo. Quintero Meraz detalla por qué Zambada no sacó su pistola para eliminar a su rival: «El Mayo Zambada le advirtió a Miguel Barraza que no quería que tuviera tratos con ellos y que lo respetaba nada más porque era compadre mío, pero que si se enteraba que seguía trabajando con El Gilillo y con El Efra tomaría la decisión de matarlo. Como a las siete de la noche nos despedimos y me fui a mi rancho...»

Al mismo tiempo que afianzaba su relación con Cárdenas Guillén, Albino Quintero ampliaba su red de relaciones con capos de otros cárteles, como el de Juárez. Las fisuras que sufrió esta organización tras la fuga de Joaquín Guzmán Loera, quien casi extermina la hegemonía de los Carrillo Fuentes, orillaron a Quintero a reencontrarse con viejos conocidos en el negocio de las drogas, entre ellos, con su compadre Arturo Beltrán Leyva, *El Barbas*, cabeza de una célula que, hasta ahora, sigue ligada al liderazgo del *Chapo*.

Es la voz de Albino: «Como el quince de abril de dos mil dos, aquí en la ciudad de México, en el MacDonalds de Torres de Satélite, Hernán Gastélum, El Pelón, de nacionalidad colombiana, amigo de mi compadre Arturo Beltrán Leyva, me enteré que en Guadalajara quienes trabajan fuerte la cocaína son Ignacio Coronel, Nachito Coronel y unas personas a las que les dicen Los Güeritos... y Armando Valencia... A mi compadre Arturo Beltrán Leyva tenía un año que no lo veía, pero en semana santa de dos mil dos que estuve en la ciudad de México lo miré en la casa que tengo en Condado de Sayaveedra 60».

Albino entra a los detalles de su vida cotidiana. En su relato ministerial habla de la convivencia de los narcos y de cómo se relacionan las familias de los narcotraficantes. Entre ellos la vida es tan común como la de cualquier persona. Ésta es la vida social de Albino Quintero:

«Mi compadre llegó como a las dos de la tarde, mandé traer comida china, comimos, estábamos platicando del día de las madres... Me invitaba a pasarla con él en Acapulco y yo le dije que no, que estaba mi señora y que iban a ir mis hijos.»

Albino Quintero, según la PGR, forma parte del cártel de Juárez. Él mismo acepta que trabajó para la célula de los hermanos Beltrán Leyva, piezas del cártel de Sinaloa. Aunque oficialmente son vistos como socios, cada uno de ellos se juntan ocasionalmente y con un solo propósito: hacer negocios. Pero con la misma facilidad que se unen también suelen separarse y tomar caminos distintos. Tal parece que su sociedad empresarial no es permanente. Al menos esto se desprende de los detalles que aporta Quintero en su testimonio. Así operan los socios en el negocio del narcotráfico:

«En mil novecientos noventa y dos o noventa y tres trabajé con mi compadre Arturo Beltrán Leyva en el tráfico de cocaína. Exactamente realizamos tres trabajos, uno como de 2,600 kilos de cocaína, otro de 660 kilos y el tercero como de 1,700 kilos, los que me llevaron a San Luis Río Colorado, Sonora, por encargo de mi compadre, ya que en ese tiempo yo era cruzador de drogas. El primero y el tercero me los llevaron en un camión y el segundo en un avión. Cargamentos que yo puse en Los Ángeles, California, de los que me regalaron 100 kilos en total, mismos que vendí en 13,500 dólares. Desde esa fecha no volvimos a hacer negocios.»

Narcotraficante de la vieja guardia, Albino abrevó de capos como Amado Carrillo, Ismael Zambada y los Beltrán Leyva. Aunque afincado en Veracruz, Quintero Meraz fue formado en la escuela sinaloense, quizá la más sapiente y antigua en el negocio del narcotráfico. En su testimonio, el capo no para de hablar. Uno tras otro se le agolpan los recuerdos. Su mente es una computadora saturada de datos y de historias.

De los hermanos Beltrán Leyva, viejos narcotraficantes, también se ocupa en su testimonio. Y con los detalles que recuerda se adentra al seno de esta célula criminal, la más próspera de la última década: «De los hermanos Beltrán Leyva sólo puedo decir que llevo buena amistad con ellos, pero nunca hemos trabajado juntos en el tráfico de drogas y no sé cómo trabajen ellos. Lo que sí sé es que es que mi compadre desde 1991 era trabajador de Joaquín Guzmán Loera, El Chapo Guzmán. Lo conocí por 1991 y a Arturo Guzmán, El Pollo, como por 1994, pero nunca realizamos trabajos juntos».

Antes de su detención, en 1993, Guzmán Loera ya era un narcotraficante en ascenso. Frecuentaba lugares públicos. Albino lo recuerda así: «Al Chapo Guzmán lo conocí en el hotel Radisson de la ciudad de México, por Periférico, enfrente de Perisur, pero nada más lo saludé. Al Pollo (Arturo Guzmán, hermano del Chapo) lo conocí en Querétaro (lugar apacible y refugio de narcotraficantes) en una casa de mi compadre Arturo Beltrán Leyva, en el fraccionamiento Jurica y, de la misma forma, nada más lo saludé».

En su relato ante la PGR, rendido en mayo del 2002, Albino no podía dejar de hablar de sí mismo. Éste es su autorretrato: «Respecto al modo en que ha operado mi organización, inicié en el año de mil novecientos ochenta y siete en Mexicali, Baja California, comprando mariguana y llevándola en trailers con cal, esto lo realicé unas tres veces hasta que fui detenido en mil novecientos ochenta y nueve por el comandante Gerardo Velasco. Estuve preso cinco meses, pero salí absuelto ya que los hechos fueron atribuidos a mi compadre José Luis Castro alias El Borrego, quien fue asesinado en el momento de mi detención y fue a él a quien se le atribuyó el delito. Luego me trasladé a San Luis Río Colorado, donde conocí a un sujeto que le decían El Pony, que trabajaba para el Güero Palma…»

A principios del año 2000, Albino Quintero estaba afincado en el puerto de Veracruz, su base de operaciones durante varios años. Entre 1999 y 2000 no traficó con drogas, pero pronto buscó volver a sus andanzas y se puso a investigar si desde Guatemala se podía introducir cocaína a México. *Chucín*, como le decían a uno de sus contactos, supo que sí había facilidades para mover cargamentos desde esa nación centroamericana. Y para importar la droga, Albino tuvo que trabar una alianza especial con Osiel Cárdenas, quien por esas fechas emergía con fuerza avasallante en el tráfico de drogas.

De aquel encuentro con Osiel, Quintero Meraz recuerda: «Tuve que contactar a Osiel Cárdenas Guillén, que controlaba las plazas de Reynosa, Río Bravo y Matamoros, por lo que a finales del año dos mil lo fui a ver en compañía de Carlos de Ávila Cano en una casa de Matamoros. En la charla Osiel me comentó que ya sabía que anteriormente yo había bajado droga. Yo le hice el comentario que quería bajar un avión en el Valle de Reynosa, con trescientos kilos de cocaína, a lo que me comentó que no había problema, que me la llevara tranquila y tampoco me cobró derecho de piso. La reunión duró dos horas… En marzo del dos mil uno compré un cargamento de trescientos cincuenta kilos de cocaína, esta droga fue cargada en Comitán, Chiapas, por la gente del Chucín, en un avión Cessna 206, de mi propiedad, que hizo escala en Veracruz para recargar combustible y de ahí voló hasta el Valle de Reynosa, lugar donde el avión bajó en un camino de terracería de PEMEX».

La droga fue transportada, en efecto, en el avión de Albino Quintero. El piloto a cargo de la aeronave fue Isidro Cárdenas Bargueño, hombre de confianza de *Don Beto* y ex empleado del *Chapo* Guzmán, quien por cada viaje realizado recibía un pago de 200 mil dólares. Un día fue detenido con un avión repleto de cocaína. La cárcel lo sumió en la depresión y la desgracia lo sepultó en la más honda angustia.

Cárdenas Bargueño había caído prisionero. Su panorama se tornaba harto complicado. La ruina lo maniató y las posibilidades de recuperarse económicamente se alejaban conforme moría su esperanza. Su patrón, Albino Quintero, también estaba en prisión. Desesperado, el piloto le escribió una carta a Joaquín Guzmán Loera, la cual incautó la PGR en medio de una remesa de papeles que se alistaban para ser enviada desde el reclusorio Norte hacia el exterior.

La misiva dice:

A 3 de julio de 2004. Señor Guzmán: mi distinguido amigo, esta carta va con el fin de saludarlo deseando se encuentre bien como son mis mejores deseos. Que yo aquí en el reclusorio Norte de México, D.F. estoy bien. Después de saludarlo paso a lo siguiente: Se preguntará Ud. ¿Quién es éste? Pues bien. Soy el piloto Isidro Cárdenas Bargueño. Últimamente trabajaba para Albino Quintero. Yo lo llevaba cuando nos accidentamos en la pista de la llama a causa de una falla mecánica. Esto fue unos dos meses antes de que Albino cayera preso en Veracruz. Yo caí preso tres meses después que él por errores que se cometen. Luego le platico. Ud. Me conoce. Yo soy el capi que trabaja para El Güero Palma en Guaymas y en una ocasión trabajé para Ud. llevando un viaje de coca para Los Ángeles, California. Yo entregué la coca a su destinatario, pero yo caí preso a causa de ese viaje y tuve que hacerles un tiempo para allá al otro Ud. me puso un abogado de nombre Ezequiel Cortés Zequi cuando salí a Ud. lo habían agarrado y ya no me fue posible verlo, luego me conecté con Albino y me puse a trabajar con él. A la presente llevo casi dos años preso y el dinero que tenía se me fue en el afán de salir de aquí, le pedí ayuda a Albino pero no me ha podido ayudar por lo que usted sabe, está preso y hasta hoy no he recibido ayuda de nadie y me es penoso molestarlo, pero la verdad es que estoy muy necesitado y necesito ayuda económica. Además de que al salir de aquí tengo fe de que saldré, mi caso no es tan difícil, necesito trabajar y espero que usted me emplee haciendo lo que sé hacer, volar Q. Ud. dirá, estaré esperando su respuesta, mucho le agradeceré su ayuda, aquí donde estoy soy vecino del señor Saúl, me puede contactar por medio de él Q... su amigo y servidor Isidro Cárdenas Bargueño.

Amado Carrillo y las cámaras de Televisa

La historia de Amado Carrillo en Chile que construyó la Procuraduría General de la República (PGR) en 1997 dio un giro brusco cuando uno de los protagonistas de esa trama, Manuel de Jesús Bitar Tafich, se decidió a contar los pasajes medulares de la aventura del cártel de Juárez por Sudamérica.

Gritón y locuaz, a Bitar Tafich se le pone roja su piel blanca cuando habla de su historia y de su compadre Amado Carrillo Fuentes. Y entre manotazos suelta encolerizado:

«Miente la PGR: a mí no me detuvieron en Chile: me aprehendieron en el hotel Palace de la ciudad de México». El personaje no tenía un rango menor en el cártel de Juárez: era uno de los hombres más cercanos a Amado Carrillo Fuentes, *El Señor de los Cielos*, con quien partió al país sudamericano como parte de un plan que conllevaba, entre otros objetivos, la retirada de Carrillo Fuentes del negocio de las drogas.

«A mí me iban a soltar en la PGR. Mi error fue pelearme con Mariano Herrán Salvatti (entonces titular de la Fiscalía Especializada para Delitos contra la Salud), quien insistía en que yo era el operador financiero del cártel. Y no era así. Yo sólo fui un acompañante, un hombre cercano a Amado Carrillo, a quien le confió la custodia de sus hijos. Como no le conté nada, un día que comíamos enfrente de la Fiscalía lo mandé al carajo y ése fue el motivo por el que me consignaron.»

Cuatro años después de haber recobrado su libertad mediante un amparo, Bitar Tafich, considerado por la PGR como uno de los cerebros financieros del cártel de Juárez, volvió a Torreón, Coahuila —su terruño— el 22 de septiembre de 2001. Desde entonces se refugió en el negocio de la hotelería, un negocio familiar.

—Dicen que tengo mucho dinero. ¿Cuál dinero? Me quedé en la calle. Aún no me devuelven mis propiedades. Mi asunto todavía no acaba, a pesar de que ya estoy libre.

Después de quedar en libertad, nadie podía dar crédito a la versión de que Bitar estuviera quebrado, sobre todo porque su cercanía con Amado Carrillo, el otrora poderoso capo del cártel de Juárez, lo hacía proyectar una imagen de hombre multimillonario, sobre todo cuando la PGR lo etiquetó como el cerebro financiero de Carrillo Fuentes. En Torreón adquirió la fama de que se dedicaba a lavar dinero, que estaba construyendo muchos hoteles en la región lagunera y que la vida le sonreía después de andar a salto de mata.

—¿De qué ha vivido usted durante los años posteriores a su liberación? —se le preguntó, mientras se acomodaba en una mesa del restaurante del hotel Posada de Gómez Palacio, Durango.

—Me dedico a la compra y venta de autos. Ése es mi negocio. La PGR tiene casi todas mis propiedades: mis cuentas, un hospital en Chihuahua, que era el mejor hace unos años, y ahora está caído. Sigo peleando para recuperar mis propiedades.

Ex piloto de la Dirección Federal de Seguridad, Bitar Tafich aceptó hablar de su relación con el capo Amado Carrillo y la aventura por Chile; también cuenta historias, anécdotas de sus correrías con personajes del cártel de Juárez y la ruta que tomó su agitada vida luego de su detención en 1997.

En la charla sostenida en el hotel Posadas del Río, Bitar Tafich toma un vaso de jugo de naranja y se apresta a desayunar huevos con jamón, pan y café. Alza la voz de trueno y se le agolpan los recuerdos sobre sus amigos, los jefes del cártel de Juárez:

«Yo primero conocí a mi compadre Rafael Aguilar Guajardo. Luego él me presentó a Amado Carrillo, de quien me hice compadre. Un día de principios de los ochenta llegó Amado a mi casa y me pidió ayuda: Llevaba a don Vicente Carrillo Vega, su padre, enfermo de cáncer.

»—Quiero que me recomiendes un médico, mi padre está muy grave —suplicó Carrillo Fuentes a su amigo.

»Le dije que lo ayudaríamos con los estudios clínicos y con las medicinas para curarlo. Yo me empecé a mover con mis amigos, pero Amado se desesperó al ver a su padre tan mal y se fue a Estados Unidos. Allá lo operaron de emergencia y luego el señor murió.

»Así nació mi relación con él. A mí me respetaba y me veía como un padre. Me hacía caso cuando lo aconsejaba. Amado era una persona que no sabía casi leer. Yo le enseñé a leer los cabezales de los periódicos. Desde ese tiempo ya se interesaba por estar al día con la prensa.

»En aquel tiempo, Amado era una persona que no le gustaba arreglarse. A menudo descuidaba su aspecto personal. Luego que salió de la cárcel, en 1991, lo llevaba a los salones de belleza para que se arreglara: Lo peinaban, lo afeitaban y quedaba como artista de cine. Por todos esos detalles me consideraba una persona confiable.»

—¿Por qué se relacionó con ese grupo? ¿Qué lo motivó a vincularse a esos personajes?

—Yo era piloto de la Dirección Federal de Seguridad y me los encontré en el camino. Rafael Aguilar era comandante y Amado un agente. Así creció la relación con ellos. Luego asesinaron a Rafael Aguilar. Siempre se dijo que Amado lo había quitado del camino, pero no fue así: a Rafael lo eliminó el cártel del Golfo, según mi hipótesis, pues por aquel tiempo (1993) eran sus acérrimos enemigos. Todavía recuerdo que una semana antes de la muerte de Rafael Aguilar habíamos estado los tres en Chihuahua. Lo recuerdo bien porque a mí me mandaron llamar y no hallaba en qué irme, así que tomé un Corvette y me enfilé rumbo a Chihuahua.

»En la carretera me accidenté. Las cuatro llantas volaron. Dejé el coche y llegué en otro vehículo que me prestaron unos amigos. Ese día encontré a Rafael y a mi compadre Amado. Habían estado en una carrera de caballos en Camargo. Andaban juntos y felices, tan es así que mi compadre le prestó dos millones de dólares a Rafael porque andaba jodido. Se los pidió prestados para cubrir una urgencia y Amado caminó hacia su coche y sacó el dinero de la cajuela. Ese día Rafael iba acompañado de Carlos Aguilar Garza, su medio hermano.

»Estuve quince días en Chihuahua. Vi a mi compadre dos veces y luego cada quien salió por su rumbo. Después me enteré de la muerte de Rafael Aguilar y desde ese momento a mi compadre lo dejé de ver un tiempo. Era muy difícil ubicarlo, más bien él me hablaba cuando quería platicar conmigo».

Bitar Tafich cuenta que después del suicidio de Pablo Acosta —fundador del cártel de Juárez—, de quien afirma que se quitó la vida de un balazo en la nuca enfrente de Guillermo González Calderón para no ser detenido, la organización conocida como cártel de Juárez quedó bajo el mando de Aguilar Guajardo y, luego de la muerte de éste, «mi compadre se convierte en el dueño de todo el espacio aéreo».

—¿Cómo logra Amado Carrillo tal liderazgo?

—No lo sé. Fue algo muy raro. Yo nunca vi un plan. Simplemente mi compadre tenía muchos huevos: se aventaba a hacer las cosas y todo le salía bien. Quién sabe cómo le hacía. Creo que no sentía miedo y ésa era la clave. No medía el peligro.

Poco después de que Amado se consolida como jefe del cártel de Juárez, la organización criminal empezó a echar ramificaciones por todas partes. La Comarca Lagunera fue —y es hasta la fecha— una zona de operaciones de algunos miembros del cártel, como Vicente Carrillo Fuentes, quien tras la muerte de Amado tomó el liderazgo del grupo.

Es más, según la Procuraduría General de la República, Vicente Carrillo aún posee propiedades en el municipio de Lerdo Durango, a donde suele acudir de vez en cuando a refugiarse o a pasarla bien en fiestas y con amigos.

El pasaporte y otras andanzas

Como una anécdota que por el paso del tiempo ya se puede contar, Bitar Tafich dice que un día se le ocurrió darle una sorpresa a su compadre Amado Carrillo Fuentes: conseguirle un pasaporte para que pudiera viajar por el mundo. Obtenerlo fue fácil: Bitar acudió a la oficina donde se expedían esos documentos de identidad, propuso una propina cuantiosa y le otorgaron el pasaporte.

—A nombre de quién lo vamos a poner, señor Bitar —le preguntó un empleado, quien conocía a Bitar desde hacía varios años.

—Juan Arriaga —respondió Bitar con su voz ronca.

En realidad Juan Arriaga había sido, según se sabe ahora, un próspero empresario de la Comarca Lagunera, cuya historia aborda el periodista Andrés Oppenheimer en su libro *Ojos Vendados*, en el que cuenta la aventura *narcoempresarial* de Amado Carrillo en varios países de Sudamérica.

Así, Bitar le entregó el pasaporte a Carrillo Fuentes, documento que le permitió viajar por todo el mundo hasta el día que fue sorprendido por la muerte. Con el pasaporte en sus manos, Amado Carrillo pronto preparó el plan para huir del país. Antes, a través de Eduardo González Quirarte, *El Flaco*, había intentado llegar a un acuerdo con altos mandos del Ejército para que lo dejaran de perseguir. A cambio, Carrillo Fuentes había ofrecido no distribuir drogas en México.

El propio Bitar Tafich contó, en septiembre de 1997, que le había sugerido a su compadre Amado que se retirara del negocio. Se lo dijo con estas palabras:

«Ya, compadre, deja esta madre… ¿A poco no disfrutas a tu familia? Aquí tardas hasta tres o cuatro meses en verla…» Y respondió: «Compadre, ya lo pensé y lo he pensado mucho, créeme. Ya tengo intenciones de abrirme del negocio. Inclusive le hice una proposición al gobierno mexicano», pero según Bitar, nunca supo en qué sentido.

Bitar Tafich, quien bordea los 60 años de edad, es un hombre hiperactivo y locuaz. Se mueve por todo Torreón en un Ferrari rojo que le compró al ex alcalde de Gómez Palacio, Durango, Octaviano Rendón Arce, notario público de cabecera del empresario Carlos Herrera, dueño de la empresa «Chilchota».

—¿Cuál es el mejor recuerdo que guarda usted de Amado Carrillo?
—Su parte humana.
—Es contradictorio que un narcotraficante, como lo fue él, pueda tener calidad humana.
—Era un hombre que no te dejaba morir. Traía dinero y lo repartía. El negocio a él le dejaba una fortuna. Así como lo recibía lo repartía. Me enteré que tenía una nómina enorme que cubrir: agentes, militares, funcionarios de todo tipo. Gran parte de sus ganancias se le iban en pagos y regalos.
—Compraba la protección. ¿A eso se refiere usted?
—Tenía que hacerlo. Y también regalaba dinero a quien le daba la gana, así como así. Un día, cuando andábamos en Viña del Mar, Chile, vi cuando sacó un puño de dólares. Salíamos de un restaurante al que fuimos a comer mariscos, de los mejores del mundo. Entonces vio a un adolescente, un chamaco lavador de automóviles y lo miró fijamente. No sé qué le proyectó el muchacho. Seguramente le recordó algún pasaje de su niñez. Se acercó a él y le gritó.

»Ven acá, ven acá, le decía mientras caminaba tras él con la mano derecha empuñada. Seguramente el chamaco se espantó porque no le vimos ni el polvo. Salió corriendo y mi compadre lamentó su huida porque le iba a regalar muchos dólares.»

La relación entre Bitar Tafich y Amado Carrillo era estrecha. Había confianza, tanta, que el capo depositó en su amigo la custodia de sus hijos. Sin una madurez sólida y un tanto indefinido en su vida personal, Bitar imaginó un futuro de ensueño al lado del capo. Por su mente atravesó un mundo inexistente que sólo cobraba forma en su imaginación y en su agitada fantasía que, por momentos, se le presentaba aderezada con pedazos de realismo. La riqueza, el poder, las mujeres, los mejores vinos, la aceptación social…Todo era real y fantasioso a la vez. Toda esta magia proyectada por el más poderoso de los capos hacía girar a mayores revoluciones la afiebrada mente de Manuel Bitar.

Cuenta que a Carrillo Fuentes no le gustaba la violencia. Muchas veces fue testigo, dice, de cómo ponía en su lugar a su hermano Vicente, persona que suele recurrir a las armas para arreglar sus problemas, como lo hacía Ramón Arellano Félix en su etapa de bonanza con el cártel de Tijuana. Según recuerda Bitar Tafic, en algunas ocasiones los gatilleros le informaban a Amado Carrillo que habían detenido a algunas personas sospechosas y le ofrecían matarlos, como quien mata un animal o se sacude un insecto: «Si usted quiere, patrón, le rompemos su madre». Y Amado, menos beligerante, reflexionaba. Luego decidía: «Déjenlos ir o llamen a mi compadre, el comandante Rodríguez, para que se los lleve, díganle que ahí le va esa chambita para que cumpla». Y si había droga de por medio, la entregaba a las autoridades.

En la plática van saliendo los datos, los recuerdos, las historias. Bitar suelta otra anécdota. Pide al reportero omitir el nombre de la colonia del Distrito Federal donde se desarrolló la historia.

—Sólo te pido que no digas dónde ocurrió esto que te voy a contar.

—¿Por qué?

—No quiero que se haga público. Es más importante la historia.

—Prometido.

—Ok, gracias —dijo Bitar tomando aire para comenzar su relato.

Y narra que en una colonia de postín del Distrito Federal hay una residencia a donde solía llegar Amado Carrillo con frecuencia. La casa está cerca de la vivienda donde vive o vivía el entonces procurador general de la República, Antonio Lozano Gracia. Un día llegaron a esa lujosa residencia Amado y Arturo González Hernández, *El Chaky* (brazo ejecutor de Carrillo Fuentes). Empezaron a beber y terminaron emborrachándose. Amanecieron bebiendo, recuerda Bitar. «Mi compadre —prosigue— andaba tan pedo que no podía meter el coche al garage y la cola del vehículo quedó fuera. Al día siguiente, todavía medio zarandeado por la guarapeta, tomó el vehículo y por su torpeza tiró la barda de la casa. Era un escándalo, pero le valía madre. Subido en el carro arrancó y se marchó sin que le importara el daño causado ni lo que dijeran los vecinos.»

Otra de las andanzas de Bitar Tafich con Amado Carrillo ocurrió en Rio de Janeiro, Brasil. Cuenta Bitar: «Era febrero de 1997. Mi compadre, unos amigos y yo caminábamos por la playa de Copacabana. Estaba en todo su apogeo el carnaval de Brasil. Todo era una fiesta. Mi compadre se divertía con el baile, la música y mirando viejas por todas partes. En pleno desmadre me percaté de un peligro. Cuando vi que ese peligro se acercaba, hasta el pedo se nos bajó. Y grité: compadre, compadre, ¡aguas! Allá están las cámaras de Televisa. Y en chinga nos salimos de la multitud y de los reflectores. Caminamos en medio de la gente y más adelante nos compramos unas pelucas y nos disfrazamos para seguir la fiesta».

La vida en Chile

En agosto de 1996, el plan del cártel de Juárez estaba trazado: instalarse en Chile y no regresar a México. El proyecto lo ideó Amado Carrillo y sólo era conocido por tres personas de confianza del capo: Bitar Tafich, Carlos Colín Padilla, el cerebro financiero de la organización, y el general Jorge Maldonado Vega, amigo de Carrillo Fuentes. Este último terminó encarcelado por sus nexos con *El Señor de los Cielos* y, tiempo después, fue exonerado de todos los cargos. Se asegura que altos mandos militares pretendieron destruirlo por la amistad que lo unía al capo.

«Amado me había dicho semanas antes: no le vayas a contar ni a tu chingada madre que nos vamos a Chile.» Y, según Bitar Tafich, de su boca nunca salió ni una sola palabra para nadie, ni a sus hermanos ni a su esposa, quienes lo acompañaron en la aventura.

Según Bitar, el plan de Amado era invertir dinero en proyectos y empresas; construir una nueva vida bajo la armadura de empresario, dejar las actividades de narcotráfico en México y no saber nada de persecuciones, las cuales por aquel tiempo ya lo traían asolado.

Meses previos al viaje, Amado Carrillo fue a visitar a Bitar Tafich y le pidió un favor. Suave la voz como un minué, le dijo:

—Quiero que te hagas cargo de la custodia de mis hijos.

—Claro, compadre, pierde cuidado. Yo me responsabilizo de ellos. Despreocúpate.

«Lo que siguió después», dice Bitar, «es que me tuve que coordinar con Sonia Barragán, la esposa de mi compadre, para irnos con la familia. Yo tendría la custodia de cinco chamacos, la señora Sonia, mis hijos y mi esposa.»

Así vivió Bitar Tafich aquel momento cargado de tensión:

«Organicé el viaje a Chile: arreglé la documentación, compré los boletos y preparé todo para salir el 26 de agosto de 1996 rumbo a Santiago. A mi esposa no le dije nada hasta que llegamos al aeropuerto y nos subimos al avión. A mis hermanos tampoco les avisé. Simplemente desaparecí del mapa, como se dice coloquialmente.

»Con el paso de los meses, a mis amigos les llamó la atención que no me veían en Torreón ni en ninguno de los cafés y restaurantes a donde yo solía llegar. Le preguntaban a mis hermanos por mí y nadie sabía nada. Tanto tiempo había transcurrido que ya me daban por muerto. Todo mundo pensaba que ya me habían ejecutado.»

El día de la partida a Chile no estaba previsto que Amado los acompañara. Él llegaría después a Santiago. La tarde de aquel 26 de agosto, Manuel Bitar se reunió con su compadre en la ciudad de México. Cuando llegó a la cita en la casa de la terraza, como le llamaban a una de las múltiples residencias que tenía en México, el capo estaba jugando póker con tres altos mandos militares y funcionarios de la PGR. «También estaban cuatro personas más de confianza de mi compadre», recuerda Bitar. «En esa casa de grandes dimensiones uno se podía pasar días completos sin aburrirse: había mesas de billar, cantina y todo para pasar el tiempo porque cuando mi compadre citaba a una persona nunca se sabía cuándo hablaría con ella.»

—¿Por qué?

—Era muy desconfiado. Si necesitaba a una persona la mandaba llamar o a traer y la alojaba en alguna de sus casas. Ahí podían permanecer hasta dos meses sin verlo. Me imagino que checaba todos los movimientos hasta que sentía la seguridad y entonces aparecía sin avisar. También era muy volátil. Podía estar bien en una casa un día o algunas horas, pero si sentía inseguridad se iba a dormir a otro lado. A muchos nos sorprendía ese comportamiento un tanto paranoico, pero esa actitud le salvó la vida en varias ocasiones.

Bitar Tafich tenía todo preparado para el viaje a Chile. La partida se convertiría, meses después, en una pesadilla. Cuando Bitar llegó a

217

ver a su compadre para despedirse, Amado estaba entrado en el póker. «Ni parpadeaba», recuerda el visitante, quien pronto entró en desesperación porque el tiempo transcurría y se hacía tarde para partir al aeropuerto a donde tenían que estar con dos horas de anticipación.

En un instante no previsto por Bitar, Amado se levantó al baño. Bitar fue tras él y mientras el capo orinaba se pusieron de acuerdo para armar un pleito. Los militares y la gente que acompañaba al capo ignoraban los planes. Bitar no podía irse de la casa dejando la mínima estela de sospecha sobre su inesperada visita, así que al salir de la recámara tanto Bitar como Amado se empezaron a mentar la madre y a insultarse ante los visitantes con el fin de «despistarlos».

«Nos gritamos pendejadas, nos mentamos la madre varias veces. Entonces fingiendo estar encabronado me salí de la casa y me enfilé rumbo al aeropuerto. Yo tenía todo listo: había rentado unas camionetas para el traslado y así partimos a Chile.»

El 27 de agosto de 1996 Bitar y la familia Carrillo Barragán amanecieron en Chile. Ese día se alojaron en un hotel de lujo de Santiago y, antes de comenzar sus actividades, acudieron a misa. «Dimos gracias a Dios por haber llegado bien», recuerda Bitar con solemnidad.

Dicharachero, las palabras se arremolinan cuando las pronuncia con rapidez: «A los pocos días llegó mi compadre con su gente y para entonces yo había rentado varias casas en los barrios más lujosos de Santiago de Chile. Los hijos de mi compadre ya estaban inscritos en la escuela y yo había rentado un taller para ofrecer servicios mecánicos para carros de lujo. Vivíamos bien, nos divertíamos mucho en Viña del Mar. La vida nos sonreía».

Según datos de la PGR, que por aquel tiempo ya rastreaba a través de Interpol los pasos de Amado Carrillo en Sudamérica, la verdadera función de Bitar Tafich fue abrir los espacios en Chile para las inversiones del cártel de Juárez. Para ello, había contactado previamente a los representantes empresariales chilenos ante quienes Amado Carrillo fue presentado como el señor Juan Arriaga. Este personaje, que en realidad era *El Señor de los Cielos*, tenía abiertas las puertas del mundo empresarial y financiero. Su carta de presentación era una llave maestra para derribar cualquier obstáculo que se le antepusiera. Juan Arriaga cargaba una carpeta en cuyo interior guardaba celosamente una carta de recomendación emitida por el banco Citibank, la cual estaba firmada por Fernando Maturana —jefe del Departamento de Banca Privada de Citibank en Chile— que lo acreditaba como próspero empresario. Con ese documento, Amado Carrillo y/o Juan Arriaga abrían sitio a un porvenir de ensueño.

La seguridad de su fortuna y de la recomendación bancaria colocaron a Carrillo Fuentes en una posición privilegiada. Nada lo perturbaba. Amado flotaba en las nubes, todo el mundo empresarial chileno estaba a sus pies y lo veían como un empresario dispuesto a invertir una multimillonaria fortuna.

Bitar Tafich fue testigo del gozo que vivía el capo. Cuenta que Carrillo Fuentes se sentía tan libre en Chile que a la salida de los restaurantes o bares solía regalarle a la gente billetes de cien dólares. Un día —dice— le pagó cien dólares a un limpiador de autos. El muchacho salió corriendo al pensar que el cliente se había equivocado. «Mi compadre lo llamaba para darle otro billete, pero el chamaco se esfumó.»

¿Muerte sorpresiva?

Bitar, quien dice haber sido una de las personas más allegadas a Carrillo Fuentes, paradójicamente nunca se enteró que su amigo viajaría a México a someterse a una cirugía plástica para cambiar su identidad.

Expresa sorprendido: «A mí no me dijo nada, de lo contrario no lo dejo viajar a México y estoy seguro que lo hubiera convencido, porque a mí me hacía caso. Algo presentí. Luego pensé: mi compadre ya no va a regresar. Incluso le pedí que me dijera dónde estaba su fortuna o a quién podía acudir en caso de que algo pasara, a fin de no dejar desamparada a la familia. Pero no me hizo caso y se marchó».

En el viaje fue acompañado por Carlos Colín Padilla, uno de los hombres más cercanos a Carrillo Fuentes, quien asesoraba a la familia del capo en operaciones financieras. Colín Padilla también se hacía llamar Javier Alarcón, Jorge de la Mora Shoening, Jorge de la Mora Schmill y Carlos Alberto Kuri Treviño. Junto a Carrillo también iba uno de los médicos de cabecera de mi compadre, Ricardo Reyes Rincón, quien coordinaría en México la operación de Carrillo junto con otros galenos: Ramón López Saucedo —el que contrató la clínica Santa Mónica de Polanco—, Jaime Godoy Singht y Carlos Humberto Ávila Meljem.

El 4 de julio de 1997 el narcotráfico, y en particular el cártel de Juárez, estuvieron de luto. Ese día murió, en forma extraña, Amado Carrillo Fuentes, el narcotraficante más poderoso de los últimos tiempos en México. La noticia corre como pólvora por todas partes. La versión es imparable, suena y resuena por doquier. Bitar Tafich se entera del suceso por un telefonema que lo dejó atónito.

—Murió Amado —le dijo una voz desangelada.

—¿Qué? ¿Qué dices? ¿Estás seguro o me estás agarrando de pendejo? —soltó Bitar Tafich las preguntas como metralleta.

—Está muerto —le dijo aquella voz, posiblemente uno de los hombres de seguridad de Amado Carrillo.

Según la versión que entonces difundió la PGR, la Interpol detuvo a todo el grupo del cártel de Juárez instalado en Chile, pero Bitar Tafich desmiente esa versión y afirma que su detención se efectuó, sin orden de aprehensión, en el hotel Palace de la ciudad de México.

Su aprehensión ocurrió así. El 26 de julio de 1997 Bitar Tafich desayunaba en el hotel cuando lo rodearon varios agentes, quienes le pidieron que los acompañara a la Fiscalía antidrogas de la PGR. Relata Bitar: «Les pedí la orden de aprehensión y no traían nada. Luego acudí para conocer la situación y me quedé detenido en la Fiscalía a cargo de Herrán Salvatti y José Luis Santiago Vasconcelos, para ahondar en las investigaciones. Luego me sometieron a un arraigo».

En su nuevo encuentro con la PGR, Bitar dice que Herrán Salvatti le pidió que renunciara al amparo que había tramitado para poder terminar con la historia. Bitar, quien asegura que rechazó la oferta de ser testigo protegido, culpa a Herrán Salvatti de haberlo engañado.

«Me deshice del amparo. Lo rompí en su cara y él no cumplió. Todavía sujeto a investigación, un día fuimos a comer a un restaurante que está enfrente de la Fiscalía y ahí me dijo que ya no le anduviera con rodeos y que le contara todo lo del plan de Chile. Lo mandé a la chingada y ése fue mi pecado: mi expediente fue consignado y me encerraron cuatro años.»

Después de obtener un amparo, Bitar Tafich salió absuelto de los delitos que le imputaron y el 22 de septiembre de 2001 salió libre y regresó a Torreón, Coahuila. Ahora dice no tener contacto con ningún miembro del cártel de Juárez.

En Torreón Bitar es un personaje al que públicamente se le atribuye poseer una fortuna cuantiosa: ha inaugurado hoteles y otros negocios, pero asegura que las propiedades son de su hermano, y que su único negocio es la compra y venta de vehículos.

En la charla con Bitar, efectuada a principios de 2005, dijo que pensaba demandar a la PGR por todas las pérdidas económicas que había sufrido por su juicio.

—A la vuelta del tiempo, ¿usted piensa que Amado Carrillo está muerto o todo fue una farsa construida entre el cártel de Juárez y el gobierno?

—A veces me resisto a creerlo. Yo le pregunté al fiscal Herrán si el cuerpo tenía un lunar velludo en una nalga y una cicatriz en el brazo. Me dijo que sí y, si así es, entonces no hay duda de que mi compadre está muerto.

Herencia Maldita
de Ricardo Ravelo
se terminó de imprimir en **Noviembre** 2007 en
Comercializadora y Maquiladora Tucef, S.A. de C.V.
Venado N° 104, Col. Los Olivos
C.P. 13210, México, D. F.